波に乗る力

双雲とひつじくんの幸せな生き方

武田双雲

日本文芸社

プロローグ

誰だって「いい波」に乗って幸せになれる

「がんばれ」という言葉が心に響かない理由

ひつじくんは、ぼくの年下の友人です。

出版社に勤めている編集者で、ビジネス書や自己啓発本なんかをつくるのが彼の仕事です。

そのひつじくんが、言うのです。

「双雲さん。

なんか、今って『がんばれ』と言っても響かない時代じゃないですか。

みんな悩みや不安だらけ。

だけど、**がんばったら未来は良くなっていくとは思えないというか、これから上昇していくというイメージが持てないというか……**。

ダウナーな時代なんですかねぇ。

そういう時代に、『がんばれ、がんばれ』『がんばればば素晴らしい人生になるぞ』っていう自己啓発本は、もう合わないんじゃないかなと思っているんですよねぇ。読者に響かないような気がするんです。

ねぇ双雲さん、どう思います？」

そう言われて、ぼくは考えてしまいました。

元気がない人、

元気になりたい人、

悩みや不安にとらわれている人、

落ち込んでいる人、

仕事がうまくいかない人、仕事で失敗するのが怖い人、

働くのがつらい人、

名声や、学歴や、家柄や、肩書や、地位や、実績や、活躍の場……といったものに恵まれていない人、

何かにとらわれている人、レッテルが気になる人、

現状に不満がある人、

自分には能力が足りない、あるいは自分には能力がないと思っている人、
「自分の周りの環境が悪い！」と思っている人、
「自分の周りの人間関係がいけないんだ！」と思っている人、
夢が持てない人、
志がない人、
将来どうなるのかが見えない人、
なんであんなことをしたのか……といつまでもクヨクヨしている人、
激しい競争の中にいる人、
勝ちたい人、成功したい人、夢をかなえたい人、
他人の期待に応えなければいけないと思っている人、
プレッシャーに押しつぶされそうな人、
なんだか心が乱れがちな人、
ワーカホリックの人、休みたいけど休めない人、
自分に勝ちたい人、
自分が嫌いな人、

……などなど、世の中には何か満たされないものを抱えている人がたくさんいます。

ざっくりと、いま現在、幸せじゃない、あるいは幸せを感じられていない人たちと言ってしまってもいいかもしれません。

こういう人たちは、何か行動のヒントを求めて、ときには精神的な助けを求めて、自己啓発書やビジネス書を読みます。

すると、本で読んだことがヒントになって、行動を変えられるかもしれない。もう少しがんばろうという気になれるかもしれない。

その結果、何かがうまくいくかもしれない。

何かが手に入るかもしれない。

けれども――。

本当に、何かがうまくいったら、何かが手に入ったら、状況が少しだけ好転したら、あなたは幸せになれるのでしょうか?

うまくいっているのに不安と心配だらけなのは、なぜ?

「もっと売り上げを上げろ!」

「もっと利益を出せ！」

と、上司にいつも言われているビジネスマンがいるとします。

目標の数字を達成できなかったらどうしよう。また部長に怒られるのかな。

業績が上がらなかったら、ボーナスの査定に響くなぁ。

いやいや、それどころじゃない。このままじゃクビになるかもしれないぞ。

まてまて、いつも「業績不振だ」とか「今期もピンチだ」とか言っているうちの会社自体、大丈夫なんだろうか？

会社がつぶれたら、どのみち失業することになるぞ。


……なんて、心の中はいつも不安や心配でいっぱいです。

そこで彼は、仕事をがんばります。

どうしたらうまくいくか考えて、工夫して。『営業がうまくいく100のコツ』なんて本も読んだりして、がんばります。

その結果、ついに目標の業績を上げることができた、とします。


それで、彼は幸せになれるのでしょうか？

たしかに、うまくいったそのときはバンザイかもしれない。

そのときだけは、幸せな気分にひたれるかもしれない。

祝杯くらい上げるかもしれません。

でも、その次の日からは、また目標の数字を目指してがんばらなければいけないのです。


目標の数字を達成できなかったらどうしよう。また部長に怒られるのかな。

業績が上がらなかったら、ボーナスの査定に響くぞ。というか、ボーナスもらえるのかな？

いやいや、それどころか、このままじゃリストラかもしれないぞ。

まてまて、そもそもうちの会社は……。


と、またしても、不安と心配でいっぱいの日々が続くのです。

仕事はうまくいったはずなのに、このビジネスマンは幸せになれていません。

ほんの一瞬ホッとできただけで、不安と心配だらけの――あまり幸せではない状態に逆戻りしてしまいました。

いったい、何がいけないのでしょうか？

「未来志向」にとらわれるから疲れてしまう

ぼくは、ここに現代人の「未来志向」の罠《わな》があると思っています。

この先、何かがうまくいったら、この不安はなくなる。
いつか、何かを達成したら、満足できる。
いつの日か、欲しいものを手に入れたら、幸せになれる。

みんな、そんなふうに考えています。

しかし、本当にそうでしょうか？

今やっている仕事がうまくいったら、
成功できたら、
お金持ちになれたら、

結婚できたら、恋人ができたら、
有名になれたら、
散らかっている部屋がきれいになったら、断捨離《だんしゃり》に成功したら、
5キロやせられたら、
お金が100万円貯まったら、あの車が買えたら、
昇進できたら、希望の部署に替われたら、
友達が増えたら、
人脈がもっと充実したら、
あの資格が取れたら、
もっと明るい性格になれたら、
あなたは、幸せになれるのでしょうか？
何かを手に入れれば、何かを達成すれば、何かが好転すれば、幸せは訪れるのでしょうか？
そうではないことは、さっきのビジネスマンの話でわかると思います。
何かを手に入れても、何かを達成しても、何かが好転しても、ホッとできるのは一瞬だけ。

次の瞬間からは、まだ手に入れていないものが気になりだす。これから達成しなければいけないことが心を占領する。今の状況に不満や不安を感じ始めてしまう。

誰もが未来に何かを求めているけれど、未来で何かを手に入れても満たされないことになんとなく気づき始めている。

ひつじくんは、『がんばれ、がんばれ』『がんばれば素晴らしい人生になるぞ』という自己啓発本はもう読者に響かないんじゃないか」と言っていました。

そのとおりだと思います。

誰もが、未来で何かを手に入れたい、未来で何かを達成したい、そうすれば幸せになれるという「未来志向」にとらわれている。

だけど、なんとなくそれではダメだとも気づき始めている。

しかも、経済状況その他の理由で、未来が良くなるという見方をすること自体がむずかしくなってもいる……。

そんなこんなで、

「いつの日か、○○すれば、幸せになれる」

という未来志向にみんなが疲れてきているんじゃないか、と、ぼくは思うのです。

今、いい波に乗れているかどうか

ぼくは、「いつも元気ですね」と言われることが多いのです。

「いつも楽しそうですね」とか「幸せそうですね」と言われることも。

そうそう、「双雲さんって、オーラがありますよね」なんて言われることもよくありますねぇ。

もしもぼくからオーラが感じられるとしたら、それは別に、ぼく自身が何か強いエネルギーを持っているからではないと思います。

ぼくはいつでも、強いエネルギーを持つ「いい波」に乗っている。だから、オーラがあるように感じられるんです。

「いい波」というと、スピリチュアル系でよく言われる「波動」とか、そういう話だと思われるかもしれない。

そういうものだと考えてくださってもいいのですが、もっと簡単に言うと、**「いい機嫌」であり、「いい気分」であり、「いい感情」のこと。それが「いい波」です。**ぼくはいつもそんな「いい波」に乗っている。

だからいつも元気に見えるし、実際元気だし。

いつも楽しそうに見えるのもそのせいでしょう。実際、楽しく暮らしていることが多いのです。

その一方で、ぼくには、

「いつの日か、○○すれば、幸せになれる」

という未来志向はありません。ぼくは未来に縛られてはいないのです。

それよりも、今、いい気分でいられているか、どうか。

今、いい感情の中にいるか、どうか。

今、機嫌がいいか、どうか。

つまり、今、いい波に乗れているかどうか。

それが大切だと思っています。


というわけで、**未来志向、未来に縛られた状態から脱して、今を生きられるようになる。**

今、いい波に乗れるようになって、幸せになる。

そんな生き方を提案するのがこの本です。

本当はみんな、「いい波の乗り方」を知っている

「そんなこと言ったって、急に機嫌よくなれるわけがない」

「今を生きるって、けっこうむずかしいことなんじゃないの?」

「そんな境地に達することができれば、苦労はないよ……」

なんて思われるかもしれません。


でも、誰だっていい波に乗って、今を生きることはできるのです。

というより、すでに部分的には誰でもそれができているはずです。


温泉につかって、「気持ちいいな〜」と思っているとき。

おいしいものを食べているとき。

好きな作家の新作を、徹夜で夢中になって読んでいるとき。

お気に入りの自転車で走っているとき。

付き合い始めたばかりの恋人と過ごしているとき。

子どもを見守っているとき。

愛犬と遊んでいるとき。

映画館の暗闇のなかで、息を詰めてスクリーンを見つめているとき。

こんなときは、誰もが未来に縛られてなんかいません。

間違いなく、今を生きています。

いい波――いい感情、いい気分、いい機嫌――に、上手に乗れているのです。

あとは、このいい波に、いつでもどこでも乗れるようになればいいだけです。

というわけで、この本は、「いい波に乗れる方法」を指南するハウツー本ではありません。

だって、本当はもう、あなたはその方法を知っているのですから。

未来に縛られるとは、どういうことか。

逆に、今を生きるとは、どういうことか。

いい波に乗る生き方って、どういう生き方なんだろう。

そんなことに改めて気づいてもらうことで、あなたにあなたらしい方法で、いい波に乗る方法を見つけてもらう本になればいいな、と思っています。

この本は、ぼくとひつじくんの対話形式で進行していきます。


「雨の章」では、悩みや不安の正体について。

「雲の章」では、今を生きることの意味について。

「光の章」では、ポジティブを引き寄せる生き方について。

「海の章」では、波に乗る生き方について。


……を、なんとなく話してはいますが、話はあっちへ飛び、こっちへ飛びます。

でも安心してください。

最後まで読んでもらえれば、いい波に乗って、幸せに生きるあなたなりの方法が、いつのまにか見えてくるはずですから。

では、さっそく対話を始めましょうか。

２０１９年５月　武田双雲

波に乗る力　もくじ

雨の章

悩みや不安がなくなる方法

関心と感謝のエネルギーを味方に付ける

雲の章

今を生きれば、奇跡は起きる！

競争をやめる、がまんしないこと

光の章

ポジティブを引き寄せる

自分の心を観れば、毎日がラクになる

海の章

幸せな波に乗る生き方

人生のいい波にチューニングしよう

雨の章

悩みや不安がなくなる方法

関心と感謝のエネルギーを味方に付ける

まっすぐな線を引く方法と、ぼくがいつも元気な理由。

01

ひつじ  双雲さんって、いつも元気ですよね。

双雲  よく言われるんだよねぇ。
エネルギーが常人の20倍あるとか、「気を感じます」とか。
初対面のおばあちゃんに拝まれたこともあるよ。**「あなたは如来《にょらい》様だ」**
って。

ひつじ ちょっと、風貌《ふうぼう》が仏像っぽい。

双雲 **仏像**……。まあ、自分でそうなろうと目指していたわけではないんだけど。

ひつじ どうしたら双雲さんみたいに元気になれるんですか。ぼくも元気になりたいですよ。

双雲 そうだねえ……。
まっすぐな線を引く方法って知ってる?

ひつじ　いきなり何の話です？

双雲　いや、書道の話。
筆で紙に、縦にまっすぐな線を引く。どうしたらうまくいくと思う？

ひつじ　まっすぐな線ですか。こう、わきを締めて、ぐっと筆を握って、ブレないように。
息を吸って、止めて、力強く一気に引く……かな？

双雲　なるほど。それでもうまくいくかもしれないね。

でも、ぼくは違うやり方をする。まっすぐな線を引くとき、筆と紙ばっかりを意識していると、筆がフラフラする。

では、何を意識するか。

自分の目の前、そのはるか先、宇宙の果てまで、無限の線があると考える。

その線は紙の上を通って、自分のうしろ、そのはるか先、やっぱり宇宙の果てまで無限に続いている。その無限の線の上を筆でなぞると考えると、まっすぐな線

が引ける。
あとは、強く書こうとして筆を強く握ってしまうと、ブレーキがかかってしまう。
これは太い字を書こうとするときもそう。
ギュッと握るのは、前に出ようとするエネルギーにブレーキをかけることなんだ。
強く表現したいなら、力を抜いたほうがいい。

イメージを変えるだけで、パワーは大きくなる。

ひつじ はぁ……、宇宙の果《は》てですか。スケールの大きい話ですねぇ。

双雲 ぼくはもともと、宇宙の果てとか、ビッグバンとかに興味があって……。

ひつじ 双雲さん、理系ですもんね。

双雲 そうかと思えば、「近所は宇宙」というタイトルで個展を開いたこともある。そこらへんに生えている雑草の写真なんかを撮ってね。草一本の中にだって宇宙はあるって思うから。
なぜ、ぼくは元気なのか、という話だったよね。

それはもしかすると、子どものころから興味の対象が人間とか、社会とかいう単位じゃなかったせいかもしれない。宇宙という単位で、ものを観《み》ていたんだよね。

ひつじ　それが元気の秘密?

双雲　普通の人は、人間単位でものを考える。人間が集まった社会を、自分が生きる場だと考える。

スケールの大きい志《こころざし》を持つ人もいるけれど……。たとえば世界一の企業をつくるとかね。

志とか、夢とか目標というのも、人間社会を前提にして成り立つ言葉だよね。

ぼくはそうじゃなくて、**原子、分子、植物、動物、地球、宇宙を含めて観るタイプだった。**

人間や社会に興味がないというんじゃないよ。分子や草花と同じように、宇宙のワンパーツとして興味を持っている感じかな。

ひつじ　そうか。**人間も社会も、森羅万象《しんらばんしょう》の一つだと。スケールの大きい見方をしているから、パワーも大きいということなんですかね。**

双雲　そうかもね。だから、ぼくが元気なのは、元気になるノウハウがあるわけじゃなくて、デフォルト（初期設定）のメガネが他の人とは違うというか……。見方が違うということだと思う。

ひつじ　それは先天的なものですか。それとも後天的に身に付けたもの？

双雲　両方だね。子どものころからそうだったし、大人になってからは意識してそうあろうとしている部分もある。

ぼくはそもそも、**人間と植物、動物、物体、物質をあまり区別しない。**

みんな宇宙のパーツという点では同じ。他人と自分の区別もあまりはっきりしていない。

完全にシームレス（つなぎ目のない）っていうことはないと思うけれど、シームレスに近い。

ひつじ　なんだか、悟《さと》りを開いた高僧のようですね。

双雲　偉いお坊さんは、修行をして、ものごとを区別する「こだわり」や「とらわれ」から逃《のが》れていくんだよね。
もちろんぼくも人間で、他の人と同じ細胞システムと、同じ脳内ネットワークと、同じ自律神経システムを持っているから、特別なことは何もない。
だから、エゴや「とらわれ」から自分を解放しようと努力することもある。それは後天的な努力の部分だよね。
それとは別に、そもそも、ものごとを区別する考え方の枠にはまらないで生きているところがある。もしかしたら、**赤ちゃんに近いのかもしれない。**

ひつじ　**赤ちゃん？**

双雲　赤ちゃんは、まだ自分と他人を区別していないよね。そもそも自分と世界が分離していない状態。

1歳とか2歳くらいまでは、自他の区別があいまいな状態が続く。

それが、犬を見て、お母さんが「わんわんだよ」と教えてくれて、「わんわん」を認識できるようになる。

最初のうちは猫を見ても「わんわん」と言ったりするけれど、やがて「わんわん」と「にゃんにゃん」を区別できるようになる。

3歳くらいからは、いよいよ認識のシステムが確定していって、自分と世界との関係性が出来上がっていく。

小学生になると、だいたい基本的な枠が出来て、「物心が付く」と呼ばれる状態になる。そして、社会・経済的システムに組み込まれていく準備ができる、と。

ひつじ そうか。**赤ちゃんは、修行なんかしなくても森羅万象を区別しない世界に生きているわけですね。**
双雲さんは赤ちゃんに近いものの見方ができているんだ。なぜ、双雲さんは赤ちゃんのままでいられるんですか？

双雲　いや、赤ちゃんのままってことはないけどさ……。ぼくはたまたま、そういう認識の枠に組み込まれないライフスタイルを持っている、ということなのかもしれない。
言葉を選ぶのがむずかしいんだけど、**つねに疑っている。**
たとえば、ここにあるコップを、コップだと確定しない。「これはなんだ?」「本当にコップか?」「コップってなんだ?」と思っている。

ひつじ　哲学的ですね。懐疑主義みたいなものですか。

双雲　うーん、たしかにあまのじゃくな自分はいるんだけど、懐疑主義というと、「俺は何も信じないぞ」という反抗のイメージがあるよね。ぼくには反抗心はぜんぜんない。ついでに、世の中に対して怒りもないし。
反抗的な疑心暗鬼じゃなくて、**関心という名の疑い、**と言ったらいいかもしれない。

ひつじ　**関心……、好奇心をつねに持つ、ということですか。**

双雲　それに近いと思う。赤ちゃんがはじめて何かを見たときって、目をこーーんなに見開いてるでしょ。**「なんだ？　なんだ？」**って。もう少し大きくなって、3歳児くらいになると、今度は、**「なんで？」**が始まる。「パパはなんで仕事をするの？」とか、「なんで朝になると明るくなるの？」とか。

ひつじ　はいはい、うちの子も言っていました。

双雲　ぼくはもともと、「なんだ？」「なんで？」が異常に強いんだと思う。そして、いつまでも「なんでパパは仕事をするの？」という感覚を持ち続けたいと意識しているところもあるんだと思う。
だから、朝起きて、「これは朝なんだろうか」「そもそも朝ってなんだろう」と思うこともあるし。「なんで犬と猫の区別がつくんだろう」と疑問に思うし。いまだに「書道家ってなんだろう」「武田双雲ってなんだろう」とも思うし。
そうすると、「自分は書道家である」「自分は武田双雲である」という枠に入り込めない。カチッとはまらない、という感覚かな。
そうやって、**あらゆるものに関心という名の疑いを持つ。なにごとも確定させない。**

ひつじ　何も確定しないと、よって立つものがないというか、不安になりませんか。

双雲　普通はそう言うけれど、ぼくは何かによって立つことがリスクだし、不安を強くしていると思うんだよね。
何かによって立つよりも、つねに森羅万象を、4次元や5次元の世界で浮遊して観ているような状態が好ましい、そうありたいな……と。

ひつじ　うーん……、むずかしいですね。禅問答のようになってきました。

双雲　こう言えばわかりやすいかな。
ぼくだって、みんなと同じように悩みとか不安は出てくる。ただ、それが消えるまでの時間が早い。どんどん短くなっている。
なぜかというと、**わき上がってきた自分の悩みや不安も、関心を持って「観る」**

から。

「なんで仕事で失敗するのが怖いの？」「仕事って何？」「怖いって何？」「怖いっていう感情には、脳が関係しているの？」「脳が自分を怖がらせているのかな？ じゃあ、脳って自分なの？ 別の何かなの？」「自分って何？」……とか。

ワクワクして観察する自分がいる。

ひつじ それじゃ、悩みや不安にとらわれているヒマはありませんねぇ……。

双雲 そういうライフスタイルを、先天的なキャラとして持っているのもあるし、持続させようと意識もしている……。

ひつじ そこらへんに、双雲さんの元気の秘密がありそうですね。

双雲 そうだ、悩みと言えば、**ぼくは書道で悩んだことがないんだよ。壁にぶちあたったことがない。**

ひつじ 本当ですか。芸術家に「生みの苦しみ」は付きものだと思いますが。

双雲　これも、ぼくの元気の秘密と関係する話かもしれない。

ひつじ　おっ、ぜひお聞きしたいですね。

創造と表現の違いと、ぼくが仕事で悩まない理由。

02

双雲　ぼくはね、自分の作品を見て泣くことがあるんです。

ひつじ　すごいですね。自分で感動してしまうんですか。

双雲　こう、筆を持って、書いて。書いたものを見て「**おお！**」って泣いちゃう。

ひつじ　それはどんな感覚なんですか。まるで自分の作品じゃない、みたいな感じですか。何かに突き動かされて、書かされたというような。

双雲　もちろん自分でコントロールして書いてはいるし、いわゆる自動筆記とか、トランス状態みたいなものとは違う。
「神が降りてきている感覚」なんて言う人もいるけど、そういうのとも違うなぁ。
書いているときは、ノイズがゼロというか、ブレーキがないというか。
すごく「無」に近い。

ひつじ　なるほど。

それと関係しているのかどうかはわかりませんが、双雲さんの表現って、自由ですよね。書道のイメージに収まらないというか。

それでもやはり、書道だから「お手本」はあるんですか？

双雲 ない。……いや、ある。全部がお手本です。

ひつじ **全部？**

双雲 見てきたもの全部。映画、洋服、建物、すべての表現。人間の表現だけでなくて、神が表現した植物、動物、景色、地球、宇宙……、全部から影響を受けている。

ひつじ なるほど。**決まったお手本はないけれど、経験したこと全部がお手本だとも言えるわけですね。**

とてもアーティストらしい発言だなぁ。

双雲 アーティストと呼ばれる人たちは、「創造」とか、「クリエイティブ」という言い方をするよね。何かをクリエイト、創造するのがアーティストだと言う。もう一つ、表現という言い方もある。表現するのが芸術家だ、という言い方。「表」に「現」れるということは、裏に何かがあるってことでしょう。現れる前に何かがある。現れる前の、源《みなもと》＝大元《おおもと》がある。その源が創造されたもの。源から、たまたまフタがあいて流れ出したものを表現という。

ひつじ　……？　ややこしくなってきました。

双雲　つまり、わかりやすく言うと、人間は表現はできるけれど、何も創造できていない。**創造されたものを「大元」にして、表現しているだけなんだよ。**

ひつじ　双雲さんにとっての芸術は、創造じゃないってことですね。

双雲　だって、いくら科学技術がすごい、ロケットでもｉＰＳ細胞でもＡＩでもつくれる——と言っても、もともとある原子の組み合わせでしかない。

もちろん、科学技術がたいしたことないとか、芸術はくだらないとか言っているんじゃないよ。どれもすばらしいものではあるけれど、創造ではない。

人間は、創造主ではないとぼくは思う。

ひつじ キリスト教的な話ですね。創造するのは神様だけという。

双雲 神様と考えてもいいし、宇宙の大きなエネルギーと考えてもいいし。何かの「大元」、源だと考えてもいい。

とにかく、**そういう大きなものにアクセスして、パイプを通して、作品として表に現す。**それがぼくにとっての表現ということ。

だから、もしかすると変わっているのかもしれないけれど、ぼくには自分が伝えたいこと、というのはない。

自分のメッセージを表現するのではなくて、むしろ「無」になると表現が出てくる。「大元」につながるただのパイプになるイメージ。

だから、ぼくは書道で壁にぶちあたったことがないし、生みの苦しみみたいなものもないんだよね。

ひつじ　そうか、芸術家は……というか、芸術家にかぎらず、クリエイティブな仕事をしようとする人たちは、自分で何かを生み出そうとするから苦しむんですね。もしかすると、双雲さんは、芸術家とは違う何かなのかなぁ。

双雲　正直に言うと、芸術のことはよくわからないんだよね。

ひつじ　書道家としては、異端児ですよね。

双雲　異端児とも思われていないんじゃないかな。たぶん、なんとも思われていないよ。たまに「あれは書道家じゃない」と言われるくらいで、**基本的には「無」だよね。**

ひつじ　その意味でも「無」なんですね。

双雲　「書道界を変えてやろう」とか、「これまでの書道にない新しい表現をするぞ」とかも一切考えていないしねぇ。

ひつじ　うーん、これは適当な言い方かどうかわかりませんが……、双雲さんは、いい意味で志がないのかも。

双雲　そうかもしれない。

志とか、夢とかいうものは、パワーを生み出すようで、じつはそうとも限らないんだよ。

ゴキブリが文化であることと、ぼくが雨を好きであること。

03

双雲 ところで、**なんでゴキブリはあんなに忌《い》み嫌われるんだろう。**

ひつじ あれ、志と夢の話じゃ……。

双雲 ガサゴソって来るから？

ひつじ ……さあ？　不潔だからじゃないですか。

双雲 ゴキブリは意外に汚くない。体の表面がヘプタコサジエンという油分でコーティングされているから汚れが付かないんだよ。

ひつじ 詳しいですね。でも、ゴキブリはみんな苦手ですよね。字を見るのもイヤと言う人もいます。

双雲 うちの生徒さんで、北海道出身の人がいるんだけれど、北海道の北の人はゴキブリを見ると**「何これ？」**と言って触るらしい。

ひつじ ああ、北海道にはゴキブリがいないから。その話、聞いたことあります。

双雲　ゴキブリがいないっていうことは、ゴキブリという文化がないということ。

ひつじ　ゴキブリという文化？

双雲　ぼくらがなぜあの虫をイヤがるか、そのルーツをさぐると……。赤ちゃんのときは「ゴキブリ、イヤ」なんて思わない。

ひつじ　そりゃそうでしょうね。

双雲　でも、ゴキブリが出てくるたびに親や、まわりの大人は大騒ぎをする。すごいよね。女性でも男性でも、**「ギャー」「イヤー」**と叫ぶ。スリッパやら新聞紙やら、殺虫剤やらを持ち出して。
そんな様子を子どものころから見ていたら、「こいつは危険なんだ」と頭に刷り込まれるよね。
もし仮に、ゴキブリが出るたびに、「おや、ゴキブリ」「もうそんな季節なのね」「かわいいね」と反応したらどうなるか。

ひつじ　想像しづらいですね。風流なゴキブリ。

双雲　そう、ゴキブリは風流なもの、季節の風物詩……と刷り込まれる。ホタルとか、セミとか、鈴虫みたいな感じかな。

そのくらい刷り込みというのはすごい。

ひつじくんは雨は好きかな?

ひつじ　あまり好きではないです。

双雲　ぼくは雨が大好き。名前に「雲」が付くからというのもあるし、音や匂《にお》いも好き。雨が降る日は自律神経が落ち着くしね。「雨だー」って喜んでしまう。

ひつじ　珍しいですね。

双雲　たいていの人は、雨があまり好きじゃない。

小さいころ、ニュースキャスターが「今日はあいにくの雨で……」と言うのを聞いて、母に質問したことがある。

「母ちゃん、あいにくの雨って何？」
「あいにくの『にく』は憎たらしいって意味よ」

ほんとうは「生憎」と書くのは当て字らしいんだけれどね。とにかく、「あいにく」というのは都合が悪いとか、残念ながらという意味だ。

ぼくは雨が好きだったから、なんで「あいにくの雨」なのか、ずっと不思議だった。

だいぶ大きくなってからわかったことは、まず、雨は濡《ぬ》れるからイヤだということ。そして、雨の日は洗濯物が乾かないからイヤなんだということ。

ひつじ　ぼくは、昔から当たり前のように、雨はイヤなものだと思っていましたけど。

双雲　江戸時代にも「あいにくの雨」って言っていたのかな？

ひつじ　え？　それはそう……いや、どうかな？

双雲　だって、江戸時代って今より農民が多かったはずだよ。雨が降ったら畑に水をあげなくていい。**「やった、雨だー」**となったんじゃない？

ひつじ　たしかに。

双雲　今だって、カリフォルニアなんて乾いているから、「恵みの雨」という感覚が強い。アフリカ大陸で、干ばつで苦しんでいる地域ももちろんそう。

ひつじ　逆に、イギリスなんかはしょっちゅう雨が降っているから、みんな濡れることを気にしないなんて言いますよね。

うーん、じゃあ「あいにくの雨」という感じ方は日本の文化なのかな？

双雲　ゴキブリをイヤだと思う人もいれば、なんだろうと思って触る人もいる。あいにくの雨と感じる人もいれば、「雨！　やった」と感じる人もいる。ゴキブリが文化であるのと同じく、「あいにくの雨」も文化なんだよ。どちらも、赤ちゃんにはない。生まれてから、成長の過程で刷り込まれるものだから。

ひつじ　**生まれつき持っているのではなく、生まれてから刷り込まれるのが文化、ですね。**

双雲　そう考えると、たとえば、お父さんが「働くのはつらいこと」と考えていて、いつも「仕事はつらいなあ」「でも、がんばって仕事しなきゃ」なんて言っていたらどうなるだろう。

子どもは、「仕事＝つらい」という文化を刷り込まれるよね。

逆に、「お父さん、どこ行くの？」「**仕事だよ、行ってきまーす**」と嬉しそうに出かけていく父親だったら？

ひつじ　仕事って楽しいものだと刷り込まれる。

双雲　そう、「ぼくも早く働きたいな」と思うよね。

ぼくはそういうタイプだから、たぶん子どもはすごく働きたいと思っているだろうなぁ。

ひつじ　ぼくもじつは、基本的に働くのはイヤじゃないんです。

でもね、楽しく仕事をしていると、奥さんが嫌《いや》みを言うんですよ。「なんだか楽しそうでいいわね」みたいな。

だから、そこは気をつかって。疲れたふりをして「いや、大変なんだよ」なんて。

双雲　わかる。それ、ぼくもあるよ。楽しそうに仕事をしている人を見ると、「ずるい」と感じる人はけっこういるから。

それも、「仕事=つらい」という刷り込みがあるからだろうね。

ゴキブリだって雨だって仕事だって、そもそも良いも悪いもない、ニュートラルなもののはず。

でも、ぼくらはそういうものに良し悪《あ》しとか、好き嫌いとか、つらいとか楽しいとかのレッテルを貼《は》っている。個人的に貼ったわけではなくて、文化としてそのレッテルを受け継いでいる。

ひつじ　**あまりにも多くのレッテルを貼りすぎてしまっていて、そのせいで落ち込んだり、つらくなったり、元気がなくなってしまったりしているのかなぁ。**

双雲　その文化のレッテルは、ある程度、無効化することはできると思うよ。

ひつじ　脱・洗脳ですか。

双雲　洗脳というと、悪いやつが意図的にやっているみたいに聞こえるけど、そういうわけではないからね。

いや、むしろ意図的な洗脳のほうがまだマシなんだよ。わかりやすいし、警戒もできるし、防ぎようがある。

でも、成長の過程で刷り込まれる文化は、あまりにも大量で防ぎようもない。しかも、言葉を身に付ける過程で勝手に入ってくる。

たとえば「朝」という言葉は、ニュートラルなかたちでは入ってこない。

「もう朝よ、いつまで寝てるの！」という声で「朝」を覚えた人と、**「よく寝てたね。朝ごはんできたけど、食べる？」**という声で「朝」という言葉を手に入れた人。

「朝」という同じ言葉が、まったく違う意味を持っているよね。

ひつじ　まさに文化の違いだなぁ……。

失われた「赤ちゃんシステム」。あるいは、般若心経の秘密。

04

ひつじ 言葉を身に付ける過程で、ぼくたちは文化という名のレッテルをいろいろなもの、いろいろなことに貼ってしまうんですね。

だから月曜日に仕事に行くのはゆううつだし、しかも雨だったりしたら、「あー
あ……」と落ち込んでしまったりする。

双雲 そう。逆に、「**月曜日だ、また会社に行ける！**」「**雨の日は絶好調なんだよ**」という人がいたら、それもまた文化。そういう刷り込みを受けているということ。

いずれにしても、生まれたときからずっと、防ぐヒマもないくらい、そういう文化が大量にダダダ――ッと頭に入ってくる。

そのうちにぼくらは「**赤ちゃんシステム**」から「言語システム」に移行する。

ひつじ 赤ちゃんシステム！　最初に出た話ですよね。

森羅万象を区別しない、赤ちゃんの世界。そこから言葉を身に付けて、ものごと

にレッテルを貼れるようになって、世界を認識できるようになる。

双雲　そうそう。

だから、洗脳という言い方をさっきしたけど、悪いことではないんだよ。

言語システムに移行するからこそ、「わんわん」と「にゃんにゃん」を区別できるようになるし、世界と自分の関係を認識できるようになる。そして社会生活を営《いとな》めるようになるわけ。

だから、人間は1回洗脳されないと大人になれないとも言える。

ただ、**その洗脳のせいで今、苦しかったり、元気がなかったりするのなら、部分的に洗脳を無効化してもいいんじゃない？**という話。

ひつじ　大人になって、その洗脳というか、刷り込みに気づくことが大事なんですね。

双雲　まさに言語システムを身に付けている最中の子ども時代には、気づかないからね。

大人になって、本を読むようになって、「自分って何？」とか、「この世界って現実なの？」とか哲学的なことを考えるようになって。ときどきは生きづらさも感じたりするようになって。

それからがチャンスなんだよ。

大人になって、自分が刷り込まれてきた文化を見直すことで、脱洗脳——と言うと言葉が良くないから、レッテルをはがすことができる。とらわれから逃れることができる。それで楽になれることがある。

でも、**とらわれから自由にならなくてはいけない！　というわけでもないよ。**

別に、雨がイヤでも生きていけるし。仕事はつらいと愚痴《ぐち》りながらも幸せな人生はあるんだから。

レッテルが気にならない人はそれでもいいし、気になるならレッテルをはいでもいい。

ひつじ　とらわれから逃れてもいいんですよってことですね。
なんだか、またお話に仏教的なテイストが出てきましたね。お釈迦様の教えって、そんな感じの話が多いような気がします。

双雲　たしかに、そうだねぇ。**般若心経**《はんにゃしんきょう》は知ってるでしょう。

ひつじ　もちろん。少し前に、般若心経を写経するのがちょっとしたブームになりましたよね。

双雲　本当にお釈迦様の言葉だったのか、後世につくられたお経なのか、くわしいことはわからないんだけど、とても有名な仏教の経典だよね。

これを読んでみるとわかるけど、ぜんぜんポジティブじゃない。宗教の経典というイメージとぜんぜん違う。

お釈迦様は出てこないし、善も、愛も、語られていないし。

そのかわり、何かがないということ、「無《む》」や「空《くう》」ということが繰り返し語られる。あとは、何かを否定する「不《ふ》」という字もいっぱい出てくる。

たとえば、

「是諸法空相《ぜしょほうくうそう》。不生不滅《ふしょうふめつ》。不垢不浄《ふくふじょう》。不増不減《ふぞうふげん》。」

（あらゆるものに実体はない。生まれたり滅したりすることはないし、汚いもきれいもない、増えることも減ることもない）

「無《む》眼《げん》耳《に》鼻《び》舌《ぜっ》身《しん》意《い》。無《む》色《しき》声《しょう》香《こう》味《み》触《そく》法《ほう》。」

（見たり、聞いたり、味わったり、五感や心で感じることも、することにも実体はない）

こういうことをえんえんと言うんだ。

ひつじ　すべて実体のないまぼろしだ、ということですね。

双雲　そう。苦しみも本当は存在しないし、その原因もない。老いることも死ぬこともない。

そうかと思うと、**「無《む》無《む》明《みょう》亦《やく》無《む》無《む》明《みょう》尽《じん》。」**なんていう言い方も出てくる。

これは、知らないということはない（無無明）、そして知らないということがなくなることもない（亦無無明尽）、という意味。つまり、「ない」ということさえもないんだ、と言い出すわけ。

ひつじ　それは、結局あるんですか？　ないんですか？

双雲　さあ。たぶん、**「ある」とか、「ない」とかいうこと自体がある ようでないし、ないようである、**みたいなことじゃない？

ひつじ　うーん、むずかしい。でも、なんとなくわかる気もします。
さっき、ぜんぜんポジティブじゃないと言っていましたけど、ネガティブでさえもないですね。

双雲　うん、ポジティブでもネガティブでもない。ひたすらクールと言うべきかな。
あらゆるレッテルを無効化していくんだね。
それが、般若心経。

ひつじ　そんなアナーキーなお経が現在まで残っていて、しかも超メジャーというのもすごいですよね。
むずかしいけれども、般若心経で語られていることにはなんとなく共感できる、という人がたくさんいるということですから。

双雲　たしかに、般若心経で言っていることは、いろんなことに通じる普遍性があると思う。

前に言ったけど、ぼくは何かを表現するときには、自分のメッセージを伝えようとか、自分の考えを形にしようとかするのではなくて、無《む》になる。

ひつじ　なるほど。般若心経が語る「無」とか「空《くう》」とかいうのは、双雲さんが何かを表現するときの状態に似ていると。

双雲　ぼくに限らず、何かを表現する人というのは、多かれ少なかれ、そうなんじゃないかな。

スポーツ選手が「ゾーンに入った」と言われる状態も、同じだと思うよ。自分がなくなって、「自分がない」ということさえ意識しなくなった状態。

芸術やスポーツだけじゃない。人は得意な仕事や好きな遊びに打ち込むときは、「フロー状態」という無我《むが》の境地に入ると言うでしょう。

あれが、般若心経で語られている境地なんじゃないか。

ひつじ　それなら、なんとなくイメージできますね。
ぼくもおもしろい本を夢中になって読んでいると、自分がなくなった感じがすることがあります。本の中に入り込んだようでもあるし、本自体もなくなってしまったようでもあるし。あれはフロー状態というやつなのかも。

双雲　**刷り込まれた「文化」を意識して、レッテルをはがして、とらわれから抜け出していった先には、そういうおもしろい世界が広がっているということ。**
さっきも言ったけど、**「脱洗脳しなきゃ」**とか、**「とらわれを捨てなきゃ」**なんて考える必要はない。レッテルをはがしてみたらおもしろいかも、という姿勢でいいと思うんだよね。

ひつじ　なるほど。
双雲さんの元気の秘密が、かなり明らかになってきた気がします。

05

未来が自分を
おとしめる危険性と、
「夢を見る」
ことの意味。

双雲　ひつじくんは、**お金って悪いものだと思う？**

ひつじ　お金ですか。悪いものだとまでは思わないけど、扱いに気をつけないと、人生に悪い影響を与えることもあるんじゃないですかね。
でも、大事なものだとも思うし、お金がたくさんあったらいいな、とも思うし。

双雲　そうだよね。お金についてはいろんな見方があると思う。
でも、お金自体は悪いものでもなければ、いいものでもないと思うんだ。その人が、お金をなんだと思っているか。
お金がないことが不幸だとか、お金を失うことが恐怖だと思ったら、お金は不幸の因《もと》かもしれない。
お金があったらいろんなことができるとか、人の役に立てると考えたら、お金は幸せの因《もと》かもしれない。

ひつじ　さっきの「文化」の話ですね。「朝」という言葉をどう覚えたかで朝に対するイメージが違う。親が仕事をどう思っているかで、仕事に対する考え方が変わるという。

そういうこと。

お金だけじゃないよ。

有名だとか、学歴があるとか、華々しく活躍しているとか、家柄がいいとか、顔が整っているとか……。どれもそれ自体はいいことでも悪いことでもない。

ただ、なんとなく「これを持っているほうが上」「持っていない人は下」というヒエラルキー、上下関係があるとぼくらは思っている。

それは文化であり、とらわれなんだけど。もしもそういう上下関係が実体としてあると思ってしまったら、それは不幸の因《もと》になる。

たとえばお金にしても、持っていない人は不幸ということになってしまう。持っている人は幸福かというと、そうでもなくて、お金を失ったら大変だ、お金が減ったらどうしようと、いつも不安や恐怖を感じていなくてはいけない。やっぱり不幸だよね。

双雲

ひつじ　地位とか、能力とか、名声なんかも、「自分にもあればいいのに」「そうしたら、もっと幸せになれるのに」とつい思ってしまいますけど……。

双雲　じつはそうとは限らない。そういう考え方は不幸の因《もと》かもしれない。さっき、志や夢の話をしたよね。

ひつじ　あっ、やっとそこに戻ってきましたか。すっかり忘れていました。

双雲　ぼくはよく講演を頼まれるんだけど、いつもこんな感じなんだよねぇ。特に話す内容なんかは決めずに行って、その場でお客さんの顔を見て、思いついたことを話していく。だからあっちこっちに話が飛ぶんだけど、不思議と最後は話がつながることが多い。

ひつじ　それは一つの才能ですね。

双雲　また話がそれた。志と夢の話だったね。

ひつじ　志とか夢とかいうものは、パワーの源のようだけれども、じつはそうとも限らない、というお話でした。

双雲　うん。こんなことを実現したい、という志がある。あんなことができたらいいなという夢がある。

夢や志を持つのはとてもステキなことだけれども、やり方によっては危険なことがある。

夢や志が実現した未来が素晴らしいと考える半面、まだ実現していない今は素晴らしくない、よくないという考え方に陥ってしまうことがある。

未来が自分をおとしめるんだよ。

ひつじ　うーん。たしかに、社長になりたいという志がある人からしたら、まだ社長になっていない、ただの平社員の現在は不本意かも。

双雲　そもそも、現在よりも未来のほうが上だと思う傾向が、今の社会には強いような気がする。

みんな成長することが幸福につながると思っているでしょう?

スキルアップ、シェイプアップ、キャリアアップ、レベルアップ……。成長して、いろんなものを手に入れることで幸せになれると考えている人は多い。

ひつじ　間違っていますかね?

双雲　もしも成長することで幸せになれるとしたら、まだあまり成長していない子どもは幸福じゃないということになる。ひつじくんは、子どものころは、今より不幸だった?

ひつじ　うーん。そんなことはないですね。今より幸せだったかもしれない。

双雲　赤ちゃんなんて、ぜんぜん成長していないし、何も持っていないよ。赤ちゃんはすごく不幸なのかな?

ひつじ　そんなことはないです。

双雲　でしょう。

夢や志はすごくステキなことだけれども、今をおとしめながら見る夢はよくない。

いつの間にか、夢や志が意味するものが、**「今の自分は価値がないから、何かを実現することで価値を上げよう」**になっていないだろうか。

そうなったら、夢や志を持てば持つほど、思えば思うほど、今の自分をおとしめることになるよね。

ひつじ それは、幸せにはつながりませんよね。**夢や志が取り扱い注意**というのは、そういう意味ですか。

双雲 夢を持つな、とは言わないけれどね。

何かを手に入れたいとか、何かになりたいという欲望だってあっていいんだよ。

ただ、**夢や志というものが、とにかくいいもの、力を与えてくれるもの、幸せにつながるもの……という見方をしないこと。**危険性も忘れないようにしたほうがいい。

ひつじ　なるほど。
うまい具合に夢や志とつきあっていけたらいいですね。

双雲　そのためには、主語を変えるのがいいかもしれない。

ひつじ　**主語、**ですか？

双雲　世界一の企業をつくるという夢、あるいは志を持つ人がいるとしよう。スケールが大きいようだけど、実は夢や志をすごくちっちゃく捉《とら》えている。

ひつじ　それ、前にも言っていましたよね。世界一の企業というのは、しょせん人間の社会を前提にした話だと。宇宙のスケールと比べたら決して大きくない。

双雲　あ、その話もしたな。たしかにそうなんだけど、ちっちゃいというのは、もう一つ意味がある。
「俺は世界一の企業をつくるぞ」というのは、自分だけが主語でしょう。
自分という小さな枠の中で、夢や志を捉えている。

でも、考えてみてほしいんだけど——人類が生まれてからこれまで、何百億か、もしかしたら何千億人かが生きてきて、いろんな人の、いろんな夢があった。

その夢が、これまでに数えきれないくらいかなってきているんじゃないかな？

夜、寝るときに温かかったらいいのにな、という夢があって、布団ができた。
もっとおいしいものが食べたいな、という夢があって、料理というテクノロジーができた。
遠くにいる友達と話せたらいいな、という夢があって、文字や、電話や、インターネットができた。

ひつじ たしかに、昔の人から見たら、今の世界は夢が全部かなった世の中かもしれない。コンビニに行けばいつでも食べ物があるし。

双雲 コンビニのドアが自動で開くしね。昔ならふすまを開けてもらえるのは、殿様くらいだよ。

夢

これだけたくさんの夢がかなってきた。なのに、**かなった夢を見ようとせずに、まだかなっていない自分の夢だけを見てしまう。**

その揚《あ》げ句《く》、今の自分はダメな人間だとか、まだ何か足りないんだとか考えてしまう。自分をおとしめてしまう。

かなってきた夢という過去を見ずに、まだかなっていない夢ばかりを見るのは、過去との断絶になる。

ひつじ **過去との断絶……。** **過去と切り離されてしまっている。**

双雲 そう、切り離されてしまっている。切れているってことは、エネルギーの法則から言うと、滞っているんです。

過去からのエネルギーが流れてこない。**孤立した場所で、自分だけのちっちゃなエネルギーで何かをしようとしている。**

自分の夢をかなえたいというとき、人はおうおうにして、そうなってしまっている。

「世界一の会社をつくりたい」というのが小さい話だというのは、そういうこと。夢をものすごく小さく閉じてしまっているんだよね。

ひつじ　うーん、ちょっとむずかしいけど、わかります。

こう、欠乏感が強くて、コンプレックスも強くて、その裏返しでガツガツがんばっている人って、たとえ掲げている目標が立派でも、あまり応援したくないかも。

そういう人は、自分だけの孤立した場所にいるってことなんでしょうね。

双雲　でも、欲を抑えろとか、自分の夢や志を持ってはいけないというわけではないよ。

現実に「自分はダメだ」「自分には足りないものがある」と感じてしまうことも仕方がない。

ただ、そういうときこそ、まずはキャッチするところから始めましょう、ということ。

ひつじ　**キャッチ、**ですか。

双雲 自分の夢を追う前に、これまでにかなってきた人類の夢に目を向けてみる。過去からのエネルギーを感じて、キャッチする。

あとは、これは最初に話したことだけど、人間社会の前提で考えずに、宇宙の規模で考えてみる。

ようするに、**エネルギーの大きな循環にアクセスする**ってことかな。


ひつじ なるほど。見事に最初の話に戻りましたね。

双雲さんは、自分を原子、分子、植物、動物、地球、宇宙……という森羅万象の1パーツだと捉えているんですよね。だからパワーが大きいんだって。

うーん、でもなぁ……。

双雲 ちょっとわかりにくいかな？

ひつじ いえ、よくわかるんですけれど。「エネルギーの大きな循環にアクセスする」と言われても、実際にどうやればいいのか……と思ってしまいます。

双雲　ああ、なるほどね。
そのための方法は簡単で、**関心を向けること。**

ひつじ　**関心**ですか？　それだけ？

双雲　それだけでいい。

ひつじ　そこらへん、もう少しくわしく聞かせてください。

06

枯れ木をよみがえらせる方法。「関心」と「感謝」の関係。

双雲　**関心を向ける**、ということで言うと、ちょっと前におもしろいことがあって。

ひつじ　聞かせてください。

双雲　うちの庭に、ほとんど枯《か》れていた植木があった。ふと思いついて、それをワークショップのテーマに使ってみた。

「この木の様子を書で表現してみよう」というわけで。

そのまま枯れているというイメージで書いてもいいし、生と死の移り変わりをイメージする人もいるだろうし。人によっては、枯れかけた木にかえって希望を感じる人だっているかもしれない。

いずれにしても、素材としておもしろそうだなと思ったんだ。

そこで、ワークショップでは、受講生の人たちにこの木をじっくり観てもらって、自由に感じたことを書いてみる、という課題を出したわけ。

そうしたら——**ほぼ枯れていたこの植木が、よみがえった。**

ひつじ　**元気になっちゃったんですか。**すごい。

双雲　植物って、人が向ける関心や好奇心に反応するものなんです。一日中、たくさんの人にじっと観られて、関心を向けられたことで、この木はよみがえった。ぼくらが思っている以上に、**「関心」というのはすごいエネルギーを持っている。**

ひつじ　関心がエネルギー。またおもしろい話が出てきましたね。

双雲　でも、「愛情はエネルギー」と言うと、なんとなく「それならわかる」と思うでしょ。

ひつじ　愛の力で奇跡的に病気が治った……とか。

双雲　そうそう。たしかに、愛情も大きなパワーだけれど……。でも、じつは愛情ってむずかしい。

まず、愛情を誰かに注ぎましょうと言ったって、自分がカツカツなのに他人に愛情を注げるわけがない。

ひつじ　それはそうですね。いっぱいいっぱいのときは、人にやさしくなれなくなっている自分に気づきます。

双雲　そんなときでも、関心くらい向けられるでしょう。好きになれなくたって、愛せなくたって、関心は持てる。

……あのね。**妻って、一番飽きる対象なんですよ。**

ひつじ　双雲さん、唐突にとんでもないことを言い出しますね。

双雲　結婚した人は、みんなぜったい経験したと思うんだけれど。配偶者に向ける関心は必ず低下する。

最初会ったときに比べたら１００分の１以下でしょう。

ひつじ　うーん……そうかも。

双雲　それを100パーセントまで戻すのは無理かもしれない。でも、関心を半分まで戻すだけでも、関係性はよみがえる。

ひつじ　半分……。それも、なかなかむずかしいかもしれませんね。

双雲　最初は大変なことだと思うよ。「妻に関心を持とう」なんて決意したって、最初は「なんか様子がおかしいわよ」と言われるだけかもね。

だから、**まずは5秒だけでいい。普段より5秒よけいに奥さんを観る。**

これだけでもいい。観るということは、関心を向けるということだから。

ひつじ　5秒ならなんとかなりそう。それで奥さんとの関係が良くなるなら、やってみる価値はありますね。

双雲　「観る」っていうことにも、じつはすごく深い意味がある。

芸術作品なんかを観ることを、観賞するというでしょ。観賞は英語で言うと、アプリシエーション（appreciation）。
ぼくは**「世界感謝の日」**というのをやっているんだけど、知ってる？

ひつじ　知っていますよ。
6月9日を「世界感謝の日」にして、みんなで感謝を表現しあって、世界平和を目指すという。著名人の賛同者も増えている壮大なプロジェクトですよね。

双雲　その「世界感謝の日」の英語名は、そのまま、WORLD WIDE KANSHADAY《ワールド・ワイド・カンシャデイ》なんだけれど、そこにKANSHA（感謝）means "Appreciation" in Japanese.と説明が付けてある。
日本語の「感謝」というのは、英語にするとアプリシエーションですよ、と。

ひつじ　あれ、「観賞」と同じ言葉ですね。

双雲　そうなんだよ。
最初、「感謝」は英語でなんて言うんだろうと思って和英辞典を調べると、いくつかの単語が出てきた。thank, gratitude, そしてappreciation.

次に、アプリシエーションを英和辞典で調べてみると、最初に芸術観賞という意味が出てくる。あとは、正しい評価、価値を認めるといった意味。その次あたりに「感謝」が出てくるんだ。

美術館で作品を観ることも、感謝することも、どちらもアプリシエーション。おもしろいと思わない?

ひつじ そうか。**観るっていうことは、関心を向けることでもあり、感謝することでもあるんですね。**

双雲 だから、5秒よけいに観るだけでも、何かが変わるのかもしれない。

別に、5秒よけいに観て、**「老《ふ》けたな」**と思ってもいいし。口に出しちゃダメだけど……。**「いつもと髪形違うな」**とか。それだけでも新しいことが観えてくる。だから、関係が変わる。

人だけじゃないよ。たとえば、ぼくらはコップを観ていない。ここにあるコップだって、よーく観ると、**「あれ? こんな形だったっけ?」**という驚きがあるよ。

このテーブルも、ペンも、ノートも。

ひつじ　コップなんて、ぜんぜん観てませんでした。

双雲　関心を持てとか、「好奇心のアンテナを研ぎ澄ましましょう」と言われても、具体的にどうしたらいいかわからないけれど、「もっとよく観よう」「5秒よけいに観よう」ならわかりやすい。もちろん、観るだけじゃなくて、もっと聞くこと、もっと触れることを心がけてみてもいい。
するとね、不思議なくらい対象物が変わってくる。

ひつじ　たしかに、このコップはさっきとはぜんぜん違うもののように観えてきています。これは、コップが変わったのか、それとも自分とコップの関係が変わったのか……？

双雲　おもしろいのは、相手を、対象物を変えようと思ったって、変わらないということ。
たとえば、奥さんが最近、口うるさく文句を言ってくる。それがイヤだから「なんとか変えよう」と思って言い返したりすると……。

ひつじ わかります。かえって悪化するんです。

双雲 だよね。だから、**変えようとするんじゃなくて、ただ関心を注ぐ。5秒よけいに観るようにする。**

そうすると、奥さんが変わるんだよ。

さっき、愛情はむずかしいという話をしたよね。愛情がむずかしいのは、「相手のためを思って」というのが、じつは偽善だからというのもある。

愛って重いでしょう。あれは、「あなたのためを思って」と言いながら、介入して、干渉することで、相手を変えようとしているのが伝わるからだよ。

もちろん善意からなんだけれども、Aである相手をBに変えようとしている。

これは、相手に関心があるようで、じつはそうでもない。Aはイヤ、Bがいいという自分の感情に関心があるだけなんだ。

ひつじ 愛情は偽善になりやすい。だから扱いがむずかしいわけですね。かえって反発を

招いたりすることもあるし。

双雲　だから、ただ相手を観ること、ただ相手に関心を向けることのほうが、むしろ相手を変える……あるいは、相手と自分の関係を変えてくれることがあるわけ。

ひつじ　なるほど。うーん……、**「観る」っていうことには、本当に深い意味がありますね。**

雲の章

今を生きれば、奇跡は起きる！

競争をやめる、がまんしないこと

オーハイの雨乞《ご》いと、「引き寄せの法則」の本当の意味。

07

ひつじ　さきほど、双雲さんは雨が好きだという話がありましたけれど……。双雲さん、雨雲を呼んだことがあるらしいですね。

双雲　**あるよ。**

ひつじ　**えっ、本当に？**「まさか、そんなことあるわけないよ」っていう返事を予想していたんですが。事実だとしたら、スピリチュアル体験というやつですよね。

双雲　カリフォルニアに、オーハイというネイティブ・アメリカンがたくさん住んでいる町があってね。ワイナリーもあって、こぢんまりとしたおしゃれな町でね。たまたま知り合いのつてがあって、そこで個展を開くことになったんです。ぼくが行ったのは6月だったんだけど、ちょうどカリフォルニア全体が干ばつでね。オーハイでも半年間、雨が降っていなかった。

ひつじ　日本では梅雨のシーズンか……。雨が嫌いな人にとっては最高の気候ですね、カリフォルニア。

双雲　そうだね。ぼくも「洗濯物がよく乾くのはいいな」なんて思っていたんだ。雨も雲も好きだけど、雲ひとつない青空だって、それはそれで気持ちがいいものだしね。

でも、地元の人に話を聞くと、水不足で困っているという。

ひつじ　そりゃ、半年間も雨が降らないと、水不足にもなりますよね。そこで双雲さんが立ち上がったと。

双雲　半分は冗談だったんだよ。

「私はジャパニーズアーティストです。個展を開きます」と言っても、「はぁ、そうですか」で終わってしまう。どうせなら、みんなが喜ぶ楽しいことをしたいと思ってね。

「なるほど、水不足ですか。わかりました。**ぼくは名前がダブルクラウド（双雲）だから、雲の友達がいっぱいいる。連れて**

くるよ」と言ったんだよね。

ひつじ　で、どうやって雨乞《ご》いをしたんですか？

双雲　個展のオープン前夜にパーティーがあった。みんながいいかげんに酔っ払ってきたところで、**「よし、雨乞いの儀式をやろう」**と声をかけた。

ひつじ　儀式？

双雲　まあ、テキトーな盆踊りなんだけどね。それを30人くらいの酔っぱらいがやる。アメリカ人も日本人も、ゲラゲラ笑いながら踊っていたよ。**パパンがパン、**って。

ひつじ　……。インチキじゃないですか。

双雲　たしかに、ふざけていたんだけどね。でも、心のどこかでは、「雨が降ったらいいな」「降ったらおもしろいな」と思っていた。

ひつじ はぁ。

双雲 次の朝、起きたら「おーい、先生」と叫ぶ声が聞こえる。なにごとかと思って外に出たら、スタッフが空を指さしているんだ。見ると、雲が集まってきているんだよ。

ひつじ オーハイの町に向かって？

双雲 そう。それまで雲一つなかった空に、ただ雲が出てきたというんじゃない。あきらかに四方八方から雲が集まってきている。

ひつじ **えー？** にわかには信じがたいですが。

双雲 それはそうだろうね。町の人たちも、「こんなに雲を見るのは久しぶりだ」と驚いていたよ。

ともかく、その日は曇り空の下、予定どおりに個展のオープニングパーティーを開いた。けっこうな人が集まってくれて、最後にパフォーマンスをすることになった。

こう、道路に20メートルの紙を広げてね。集まってくれた人たちに一人ずつ好きな言葉を聞いて、それを紙に書いていく。

「あなたの好きな言葉はなんですか？」

「プライド　Pride だ」と言われたら「誇」。「ハピネス　Happiness」だったら「幸」と、一文字ずつの漢字に直して書いていく。

だいたい20文字くらい書いたところだったかな。

ポツン、と雨粒が紙の上に落ちたんだ。

ひつじ　半年間、雨が降っていなかった町に、ついに。

双雲　みんな、「え？」となったよね。

さらにパフォーマンスを続けて、最後の一文字を書き終えるころには、ポツポツと、完全に雨が降り始めていた。

そして、紙を片付けたところで、ついにザーーッと本降りになった。

ひつじ 本当に降らせちゃったんですね。

双雲 みんなに「ありがとう」と言われたんだけど、ぼくもびっくりだよ。「マジに降ったね」と。
あの時の雨の匂《にお》いは今でも忘れられないなぁ。

ひつじ 人知を超えていますねぇ。

双雲 もう一つ、おもしろいことがあってね。
そこにちょうど通りかかったお兄さんが、「何してるんだ」と聞くから、「個展をやっているんだ。雨が降ってよかったねぇ。ぼくの名前、クラウドなんですよ」と答えた。
そうしたら、そのお兄さんも「ぼくも雲が好きだ。娘の名前をクラウドにしたくらい」だと言う。
なんでも、NASAで雲の研究をしている専門家だって言うんだよ。普段はハワイに住んでいるのに、そのときはたまたまオーハイに遊びに来ていたんだって。

ひつじ　これまた不思議なことが起きましたね。

双雲　まだある。個展に感謝してくれた男性がパーティーに誘ってくれた。山の上にある大きな家で、牧場も持っているワイナリーのオーナーの家なんだけど。そのオーナーの名前がクラウドマン（Crowdmann）だった。

ひつじ　すごい。ちょっと怖くなるぐらいですね。奇跡というか……。

双雲　奇跡、という言い方がふさわしいかどうかは、わからないけれどね。小さいころから雲が好きだったから、なんとなく雲と相性がいいのは自分でも感じる。北海道の雪原でＮＨＫの特番の撮影をしたときも、「大雪で今日は無理かな」と思っていたら、ぼくがクルマから降りたとたんに、ぽっかり雲の隙間ができたりね。
雲関係では奇跡というか――良縁、と言ったほうがいいかな。そんなことがいっぱいあるよ。

たぶん、ぼくが雲に関心を向けているからだろうね。

ひつじ　関心を向ければ、対象が変わるという話ですね。**関心を向ければ、奇跡のような良縁も巡ってくる。**

双雲　そう。だから、**いわゆる「引き寄せの法則」も間違っていない、**とぼくは思う。

ひつじ　そういうのは懐疑的な人も多いですよね。

双雲　「引き寄せの法則」と言われると、何か特別なものを引き寄せることをイメージするじゃない？　それこそ、「奇跡」と言われるようなすごいことが起きるような。だから「そんなことあり得ない」と思う人も多いんだろうね。
でも、考えてみると、みんな何かを引き寄せて生きているでしょう。
友達や恋人と知り合ったのもそうだし、今の仕事に就《つ》いたのも、日本に生まれたのも、もっと言えば、お父さんとお母さんが出会ったのも、すべては引き寄せでしょ。

誰もが毎日毎日、何かの縁《えん》を引き寄せている。

ひつじ　うーん、たしかにそうですね。

双雲　そう考えると、あの日オーハイで雨が降ったことは、別に奇跡ではないよ。毎日たぐり寄せている縁の一つだよ。

ひつじ　でも、やっぱり奇跡的ですよ。

双雲　じゃあ、奇跡かもしれない。でも、だとしたら、**奇跡は特別なことじゃない。すべての縁が奇跡なんです。**オーハイの雨も、ひつじくんのご両親が出会ったのも縁。それを奇跡と呼んでもいいいってことじゃないかな。

シロアリが地球を守っている!?宇宙はわからないことだらけ。

08

双雲　そういえば、この間、熊本に行ったときにも不思議なことがあったんだよ。

ひつじ　また何か引き寄せましたか？

双雲　山奥に、不思議な水源があるんだ。何日か大雨が降ったあとなのに濁《にご》っていない、きれいな水源が。
水源のそばには売店があって、奥がカフェスペースになっている。営業しているのかな？　と思ってのぞき込んだら、「よかったらどうぞ」と言われたので入っていった。
そこでは70歳くらいのおじいさんが２人、話し込んでいてね。

ひつじ　不思議な雰囲気ですね。仙人でもいたのかしら。

双雲　実際、２人の話していることがどこか浮世離れしているというか、「自律神経が……」とか、「波動が……」とか、「宇宙の気を取り入れて……」なんて話が聞こえてくるんだ。町内会の話とかじゃなくてね。

ひつじ　ますます不思議ですねぇ。

双雲　しかも、かたわらにあった黒板に何か描いているなと思ったら、雷を分子で説明する図なんだよ。

雷が起きたときに、NH_3と言っていたからアンモニアかな。

とにかく、それが発生して、空気中の分子が化学反応を起こすことで土に栄養を与えるんだって。雷はとても大事なんだと。

ひつじ　なんですか、それは。

双雲　**ちょっとワクワクするような話でしょ？**

興味津々で、耳だけ向けて聴いていたんだけどね。

しばらくしたら、向こうから「すいません、武田双雲さんですね」と話しかけられた。

おじいさんのひとりは、10年前にぼくを取材したことがある熊本の記者さんだった。個展にも来てくれたことがある人。

もうひとりのおじいさんも「紹介したい」ということで引き合わせてもらったんだけど、この人がすごい人でね。

40年前から有機農法、オーガニックの研究をしているという、その世界では先駆けの人だった。

アフリカやオーストラリアで、無農薬で、土を耕すこともしないで収穫量を10倍にするとか、すごいことをやっている人だったんだ。

ひつじ　オーガニックカフェを開いている双雲さんが、そういう人と偶然に出会ってしまったわけですね。

双雲　そこから1時間ぐらい、その人の「講義」を聴かせてもらったよ。

農業の話、自然の話……。

とにかく熱いおじいさんでね。そのときもアフリカから帰ったばかりだと言っていた。アフリカでは年間5万円くらいで生活しているんだって。虫も食べられるし、そこらへんの蜘蛛《くも》も食べるし、それで十分暮らしていけるらしい。

ひつじくん、シロアリって、どういうイメージ？

ひつじ　シロアリですか？　そりゃ、家の柱やなんかを食い荒らしてしまう害虫だと思いますけど。

双雲 ところが、このとき聞いた話がおもしろくてね。

「**シロアリが、じつは地球を守っているんだ**」と言う。

ひつじ **シロアリが？　地球を？**

双雲 人間は勝手にシロアリを害虫って言っているけど、じつはシロアリは生きた木は食べない。腐った木だけを食べる。

腐った木を食べて、分解して、森を再生させている。しかも空気中の窒素を取り入れたりして、あまり食料がなくても生きていける仕組みを持っている。

だから、シロアリはこれからの地球にとって、とても大事な存在なのに、人間はシロアリ＝駆除、と考えてしまっている。

似たような話はほかにもあって、熊本では無農薬のお米をつくって出荷しているんだけど、無農薬だと田んぼにはジャンボタニシが出る。

ひつじ　ピンクの卵を生むやつですね。

双雲　あれも害虫だと言われているけど、じつはジャンボタニシは田んぼのいらない草を食べてくれるんだよ。本当は仲間なのに、駆除しないといけないと人間は思っている。

ひつじ　そういうのも、ゴキブリを嫌っているのと同じで、文化なんでしょうね。

双雲　そもそも益とか害とか、メリットとかって、なんなんだろうと思うなぁ。人間の視点から見たら、わけがわからないことだって、まだまだたくさんあるんだよ。

細菌のなかには、超高温度の環境に棲《す》むやつもいて、そいつは溶岩が噴き出すような何百度という場所で生きている。生きていくために酸素も水も必要としていない。どうやって生命を維持しているのかの仕組みもよくわかっていない。

ひつじ　それも不思議ですねえ。なんでそれが生きているってわかったんですか？

双雲　科学的には、エネルギーを代謝していれば生命といえる。でも、その仕組みについてはまったくお手上げなんだよ。

まだまだぼくらが知らないことは科学の世界にもいっぱいある。

だから、簡単にこの生き物は害があって、この生き物は利益をもたらすなんて言えない。

宇宙全体で観たら、何が良くて、何が悪くてなんてそう簡単には言えない。

もちろん、人間だってわからないことだらけでしょう。

ひつじ　先入観というか、植え付けられたイメージから、いったん距離をとってみることが大切ですね。

マインドフルネスはなぜ流行《はや》る？空襲警報のなかで生きる現代人。

09

ひつじ　双雲さんのように元気に、楽しく生きるには、いろんなものに関心を向けることですね。人間と人間がつくる社会だけでなく、自然にも。宇宙だったり、草だったり。

双雲　そうだね。どこに意識をもっていくか、何を観ているかというのが重要。別に大自然のなかに行かなくてもいい。**手近なもの、今目の前にあるものを観て、聴いて、味わって、触って。**

ひつじ　流行《はや》りのマインドフルネスですね。**今、ここに意識を集中する。**

双雲　なるほど、通じるものがあるかもしれない。

マインドフルネスが流行るっていうのも興味深い。

忙しいビジネスマンが、みんな「今、ここに注意を向ける」っていうやり方を、ちょっといいなと感じるわけでしょう。

ということは、つまり、みんな今に生きてない。「今、ここ」を感じていない。

マインドフルでないってことでしょう。

将来、どうなるのかなとか、なんであんなことをしたんだろうとか、過去の反省と未来の不安にとらわれてしまう。

ひつじ　とらわれてる間は、今を生きていないわけですね。なんでとらわれちゃうんだろう。よくないとわかっているのに。

双雲　それは、やっぱり情報化社会だからだと思うよ。

ひつじ　情報化社会と関係がありますか?

双雲　大いにあるよ。

情報化社会というのは、基本的に不安社会だから。

ひつじ

不安社会?

双雲　情報化社会では、大量の情報が流れてくる。そのなかで、みんなの関心を引きつけるのはどんな情報か。それはネガティブな情報です。
いちばんわかりやすいのはニュースだね。
たとえば、「今日も4丁目の田中さんは平和な1日を過ごしました」。
これはニュースになる？

ひつじ　ならないですねぇ。

双雲　ポジティブなニュースはつまらない。みんなの関心を引かない。**ニュースになるのは、火事とか、殺人とか、ミサイルとか……。**

ひつじ　自然災害とか。

双雲　そう。そのほうが視聴率を稼げる。**「今日も日比谷公園では、木が生い茂って、セミが鳴いていています」**というニュースはつくれない。
もしこんなニュースを流したら、「小学生の日記じゃないんだから」と怒られるだろうね。

ニュースだけじゃないよ。ぼくはよく言うんだけど、学校で学んだ世界史とか日本史って、すごく偏《かたよ》っている。

ひつじ おっ、いわゆる歴史認識問題というやつですか？

双雲 ではなくて。

歴史って何かと言ったら、大ニュースを編纂《へんさん》したものでしょう。

毎日、ニュースはあるけど、その中でも特に大きなニュース、戦争とか、王様の暗殺とか。ものすごい大発明とか。

言わば、ニュースのなかでも千年単位、万年単位で高視聴率だったものだけをよりすぐってまとめたもの。それをぼくらは歴史と呼んでいる。

歴史の教科書にちっちゃいニュースは書いていないでしょう？　まして、そこらへんのおじさんが平凡な一生をまっとうした話は……。

ひつじ　絶対に書いてないですね。

双雲　人類にこれまで起きたことのなかで、0・000000000……1パーセント以下くらいの、**刺激的な超ビッグニュースだけをまとめたものを歴史だと思っていると、危険だとぼくは思う。**

実際には人類の歴史のほとんどはニュースになるようなことは何も起きていない。

そりゃ、いいことも悪いこともいっぱい起きているけれど、よくも悪くも平穏で、平凡な日々が過ぎている。

ひつじ　だからこそ、世界の歴史をたった1冊の本にダイジェストすることもできるわけですね。

双雲　一人ひとりの人生だって、ほとんどは何も起きていない日、何も起きていない時間なんだよ。

でも、ぼくらの脳はやっぱり刺激的なことを優先的に記憶する。たとえば、親にすごく怒鳴られたことは忘れない。

でも、ご飯を食べさせてもらったこと、お風呂に入れてもらったこと、おむつを替えてもらったことはいちいち覚えていない。いくつかの刺激的な記憶をもとにして**「自分は親に愛されなかった」**とか、**「親は冷たかった」**とか言ってしまう。

これは、仕方がないことなんだ。ヒトの、というより、生命体の歴史は、つねに敵に襲われて捕食されるという歴史だったから。

ネガティブ情報が優先なのは当然。生命維持の仕組みとしてはそれでいい。脳がネガティブ情報を重視するのは正しい。

ひつじ そうですね。トラの巣に近づいたり、仲間に嫌われて群れを追い出されたりしたら、生きていけないわけですから。

双雲 問題は、草原でトラと追いかけっこしていた時代じゃなくて、これだけの情報化社会になってもまだそういう脳の仕組みのままだってこと。

ネガティブ情報に敏感な脳に、1万年前、千年前、百年前とも比較にならないくらい、大量のネガティブ情報が流れてくる。そのたびに、脳はネガティブ情報に反応する。
「大変だ！」「トラが出た！」って。
つまり、**情報化社会っていうのは、脳にとっては、つねに空襲警報が鳴っているような状態だよ。**

ひつじ　それはつらい。戦争中だって、つねに空襲警報は鳴っていないですよね。

双雲　大げさかな？　セコムでもいいけど。

ひつじ　いずれにしても、つねに警報が鳴っているわけですよね。たしかに、そうかもなあ。**四六時中スマホを見て、不安になったり、怒ったり、驚いたり……**。

双雲　ネガティブ情報は、ニュースという形をとるばかりじゃないからね。SNSの炎上騒ぎかもしれないし。広告だって、じつは一つひとつが警報なんだよ。
保険の広告は「いざというとき、お金がなかったら大変だ！」と言っているし、化粧品の広告は「そんな顔で歩いてたら、大変だ！」と言っているし。
「みんなが持っているものを持っていなかったら、大変だ！」とかね。

今じゃ、スマホに地元の「不審者情報」まで流れてくるんだから。

ひつじ そうですねぇ。

双雲 でも、情報を流す人たちだって、よかれと思って流しているわけ。だから、そういうものだと思って、見なければいい。

何か事件が起きたら、テレビは同じニュースを何回も流す。早起きした日にテレビをつけっぱなしにしていると、5時のニュース、6時のニュース、7時のニュースがまったく同じだったりする。

でも逆に言うと、それ以外には、ニュースに値するような刺激的な出来事がないということでもある。

多少不安を煽《あお》るぐらいの広告でないと、ものが売れないくらいみんなが満ち足りているということでもある。そのことに、まず気づくことだろうね。

ひつじ なるほど。**つねに脳内で警報が鳴り続けて、今を生きることができないのは、自分がネガティブなほうに意識を向けてしまっているからでもあるんですね。**

双雲　だから、話は戻るけれど、**価値基準をフラットにして観たらいいんじゃないかな。**結局、全部原子や分子なんだから。価値があるものとないもの、重要な情報とどうでもいい情報……とかの区別をフラットにして観る。

ひつじ　赤ちゃんシステムですね。

双雲　そうだね。**赤ちゃんは、つねに今を生きていて、ものごとをフラットに観ていて、だから疲れない。**ぼくらは全員、もともとは赤ちゃんだったんだから。戻れはしないにしても、赤ちゃんシステムを再インストールすることはできるはず。赤ちゃんに戻るのに努力も積み重ねもいらない。

ひつじ　うーむ。たしかに、赤ちゃんは努力していないもんなぁ……。

ぼくたちが誤解していること。成功も勝利も幸福とは関係ない。

10

双雲　最近、久々にゲームにハマったんだよね。

ひつじ　ゲームですか？　意外ですね。

双雲　ニンテンドースイッチのARMS《アームズ》っていうボクシングのゲームなんだけど。オンラインで世界中の人と対戦できる。ゲームの世界って、オタクたちが世界中から集まって研究して、腕を競い合ってる。だから、うまい人は本当にうまい。このゲームにはランキングもあるし、大会もあるし、カリスマプレイヤーもいる。

ひつじ　eスポーツって言うんでしたっけ？　最近は、ゲームもスポーツのように競技化しているって言いますね。そんなにおもしろいですか？

双雲　そうだねえ。ハマってみて気づいたことがいろいろあるよ。ぼくは初心者だから、上を見ると、とんでもなく高いピラミッドがそびえ立っているわけ。そりゃ、ちょっとずつうまくなってはいるし、どんどんランクは上がってはいるけど。

ひつじ　上にいくほど強敵だらけになるわけですよね。

双雲　そう。最近は10回やって2回勝てればいいくらいだね。負けると、とにかく血圧が上がるんだよね。悔しいから。

ひつじ　双雲さんでもそんなことがあるんだ。

双雲　そりゃそうだよ。手に汗握って戦って、勝ったらホッとする。負けたら本気で落ち込む。

ひつじ　おおげさですね。遊びじゃないですか。

双雲　ぼくは今まで、勝ち負けとか、競い合いとか、そういう感覚で生きてこなかったから、勝ち負けに慣れていないんだろうね。勝ち負けにともなう感情の動きにも慣れていなくて、自分を抑えることができない。負けると、自分を責めるんだよね。**「俺、だめだな、下手だな」**って。

ひつじ　負けたときの劣等感ですね。

双雲　あと、勝ったときの優越感。ランクが下の相手に勝つと、もう**「ハハハハ、見たか」**って感じ。でもランクが下の人に負けると最悪だね。**「俺様が格下に負けるなんて！」**とか、思っちゃうんだよねぇ。

ひつじ　双雲さんにとっては、それが新鮮なんですね。普通の人はみんなやっていることですよ。

双雲　だろうね。
スポーツの世界では、競争があって勝ち負けがある、そしてランキングやピラミッドがあるのが普通だ。
芸能界だってそうだし、受験勉強だってそうだし、ビジネスもそう。
ぼくは今まで、こういう感覚を使ってこなかったから、すごく新鮮に感じた。

ひつじ　やっぱり双雲さんは変わっていますね。

双雲　うちの母親もね、その話をしたら、「大智《だいち》にもそういうところがあったんだねぇ」

って言うんだ。あ、大智っていうのは、ぼくの本名ね。

ひつじ お母様から見ても、競争とは無縁の息子でしたか。

双雲 でも、息子のぼくから見ると、母こそ不思議な人でね。母は、すごく負けず嫌いな性格だと思うんだ。だから「いや、俺の負けず嫌いはかあちゃんの遺伝子だよ」って言ったら、「あ、そう?」なんて言うんだ。

ひつじ 双雲さんのお母様も書道家ですよね。やっぱり、負けたら本気で落ち込んじゃうタイプですか。

双雲 ところが、負けず嫌いなのは間違いないけど、ぼくの記憶する限りでは、母こそ誰とも競争をしていない。競争とは無縁な人なんだよね。

ひつじ 負けず嫌いで、競争も嫌い。それは不思議ですね。

双雲 だから、聞いたの。「かあちゃんって、どぎゃんやったと?」って。負けず嫌いなのに、書道でもなんでも、誰とも競争はしない。

それはどういうことなのかって。
母が言うには、「中学生までは私は自信満々だった。高校のときに挫折した」と。高校に入ったら、モテる人、かわいい人、勉強ができる人、特技がある人……いろんな人を見て、完全に「これは無理だ」と思ったんだって。

ひつじ　かなわないってことですか。

双雲　そう。**「それが、競争をやめようと思った瞬間」**だそうだよ。
そこからの人生では競争をしていないんだって。
つまり、ぼくは「天然」で、競争なしの人生をたまたま生きてきた。それに対して、母親は競争しない人生を自ら選択した。おもしろいでしょ。

ひつじ　そうですね。つまり、双雲さんみたいに生まれつき競争と無縁じゃなくても、競争しない人生を選択することもできると。
しかも、お母様は結果として書道家として成功されて、お弟子さんもたくさんいらっしゃって、息子さんもこんなに立派になられて……、幸せに暮らしているわけですものね。双雲さんは、競争についてどう思います？

双雲　決して競争が悪いものだとは思わないけれど、誰にでも向いているかというと、そうではないということだよね。

イチロー選手がどこかで言っていた。1本ヒットを打つと、吐《は》き気が止まるんだって。つまり、それ以外のときは、つねに吐き気との闘いなんだよ。

失礼かもしれないけど、それを聞いたときには、ぼくにはちょっと意味がわからなかった。

だって、つねに苦しいんだよ。メジャーリーグで試合に出るだけでもすごいことでしょ？

でも、ヒットを打ったって苦しみが和《やわ》らぐだけ。すぐにまた苦しみがやってくるんだよ。

ひつじ　うーん……。マイナスがゼロになるだけ、ってことですね。

双雲　うまくいくと苦しみが取れて楽になる。でもまた苦しみがやってくる。

勝利、成功という痛み止めでしか楽になれない。それを何年も続けるんだから……、そりゃあ、スポーツ選手には強靭《きょうじん》な肉体と精神が必要なわけだよ。

ぼくの生き方は、強靭な肉体や精神はいらない。がまん強さもいらないんだよね。

ひつじ　ぼくはどっちがいいかと言ったら、双雲さんみたいな生き方がいいです。

双雲　わかってると思うけど、イチロー選手や、スポーツ選手たちの生き方がダメだと言っているんじゃないよ。そういう過酷な世界で生きているからこそ、見ているとすがすがしいし、かっこいい。みんなに尊敬される。
日本人は特に、そういう人たちが好きだよね。たまたま、ぼくはそういう世界を生きてこなかったというだけでね。

ひつじ　でも、書道は長年続けてきたじゃないですか。

双雲　振り返ったら、「長いことコツコツやってきたな」という感じだなぁ。コツコツやろうとか、がんばって続けようとかは思ったことがない。

ひつじ　じゃあ、「こういう書道家になりたい」とか、「日本一の書道家に」みたいな目標もなかったんですか？

双雲　ないね。目標を立てて、それを達成したときの喜びが原動力だという人は多いよね。スポーツ選手でも、起業家でも。

ひつじ　「お金でも、他人の称賛でもなく、自分が感じる達成感がすべてだ」なんて、よく言いますよね。

双雲　その感覚がなかった。それこそ、今回ゲームにハマってはじめてわかったくらいでね。3連勝したりすると、「達成感って気持ちいいな」と思うよ。でも、次で負けたら、「はぁ――」って落ち込んでしまう。

ひつじ　そう考えると、やっぱり達成感と幸せとは、別もののような気がしてきます。

双雲　イチロー選手と北野武さんが対談本（『イチロー×北野武キャッチボール』北野武著、イチロー×北野武「キャッチボール」製作委員会）を出していて、そこでたけしさんが言っていたことなんだけどね。

みんな、「たけしやイチローは成功して幸せなんだろう」と思っている。でも、それは勘違いしている。自分たちは幸せなんかじゃない、苦しいんだって。

ひつじ つまり、あれほど成功している人たちでも、それは幸せとは別ものだと。

双雲 そこをちゃんと分けるってことだね。

ぼくらは、そこをごちゃまぜにしてきたんじゃないかな。

なんとなく不幸感があって、苦しくて。

何かを達成すれば、成功すれば、認められれば、評価を受ければ、夢が実現すればば……というように、何かを獲得すれば、この苦しみが取れたり、幸せになれるという幻想にとらわれている。

それは違うと思う。

成功すれば一瞬の達成感はあるけれど、それは砂に水をかけているようなものなんじゃないかな。

11

サンタクロース式
仕事術。
笑いながら
働くコツ。

ひつじ　一つ疑問があるんですが。双雲さんって、カフェを経営していますよね。

双雲　うん。神奈川県の鵠沼《くげぬま》海岸で、〝CHIKYU FARM TO TABLE《チキュウ・ファーム・トゥ・テーブル》〟っていうオーガニックカフェをやっているよ。

ひつじ　双雲さんみたいに競争しない、がんばらないタイプの人が、どうやって経営しているのかなって。経営者って、双雲さんとは真逆のタイプな気がします。こう、ガツガツしているというか。

双雲　そうだねえ。まあ、やってみて起業家の大変さはわかったよ。まず、**儲からない**。

ひつじ　儲からない？

双雲　うん。お店を開くのにたくさん資金がいる。材料費も思ったより高い。だからぜんぜん利益が出ない。

ひつじ　〝CHIKYU〟はオーガニックカフェですもんね。それは材料費もかかりますよ。

双雲　だから、初期投資を回収して、儲けを出そうと思ったら、何年も待たなきゃいけない。

ひつじ　ほとんどの飲食店は、そこまでもたないですよね。

双雲　そういうときに限って、飲食店のロゴの依頼があるんだよ。それで飲食業界で成功しているカリスマみたいな経営者と会うわけだ。会ってみるとね、みんなアスリートだよ、やっぱり。

ひつじ　というと？

双雲　苛烈《かれつ》な競争なんだよね。客の奪い合い。あるいは、いかにいい陣地を押さえるかという椅子取りゲーム。

つまり、立地がよくて、スタッフに恵まれて、時代の波に乗って……という条件を10個くらい揃《そろ》えないと勝てない。今はみんな財布の紐が固いしね。

それができないほとんどの店はつぶれる。

話を聞いて、**「えっ、そんな大変な思いをして飲食店やって**

いるんだ」と驚いたよ。

ひつじ　それはそうですよ。

双雲　そういう人たちと競争して勝てるわけがない。だからぼくは、いつものやり方でやるしかない。
つまり、つぶれるかもしれないけど、**「自分にやれることは楽しむことだ」**ってことになるんだよ。すごく単純なんだけど。

ひつじ　**楽しむだけ？**

双雲　そう。スタッフには、「一緒にやってくれてありがとう」しか言わないしね。

ひつじ　どうしてそれができるんでしょうね。
楽しむことしかできないといっても、普通は楽しめないと思うんですよ。

双雲　……うーん、なんでだろう。

ひつじ 双雲さんは、「生みの苦しみ」を味わったことがないと言っていたじゃないですか。作品を書くとき、自分で何かを生み出そうとするのではなく、何か大きなものにつながったパイプになる。創造するのではなく、表現するんだって。

双雲 うん、そう言ったね。

ひつじ だから、クリエイターとしての苦しみがないというのは、なんとなくわかるんです。でも、仕事には結果も求められるでしょう。それこそ、お店の看板用に書いてくださいと依頼されたりするような。

双雲 もちろん。

ひつじ 仕事、ビジネスと言ってもいいですけど、そこでは「期待に応えなければならない」「結果を出さなければいけない」というプレッシャーが、また別にあるものじゃないですか?

双雲 それは、頼んでくれた人、相手を喜ばせたいとは考えるよ。めちゃめちゃ考える。

考えるけど……。**サンタクロースっているでしょ。**

ひつじ　**……？** はぁ。

双雲　サンタクロースは「子どもたちの期待に応えなきゃ」「今季のクリスマスも結果を出さなきゃ」ってプレッシャーを感じているんだろうか？

ひつじ　**まさか。**

双雲　どっちかっていうと、ホッホッホーみたいな感じでしょ。

ひつじ　そりゃ、サンタさんですからね。

双雲　ぼくらだって、恋人にあげるプレゼントを選ぶとき、「何がほしいんだろう？わからん。苦しい……」なんて感じないでしょう。
でも、大切な人にあげるプレゼントを選ぶときって、脳がフル回転して、すごいエネルギーを使っているんだよね。

「何をあげたら喜んでくれるかな？」って、わくわくしながら、すごいクリエイティブなエネルギーを炸裂《さくれつ》させているわけだ。

ひつじ たしかに、お店を何軒も回ったりするのも苦にならないですよね。むしろ楽しい。

双雲 書くことを頼まれても、ぼくは相手を喜ばせたいというのが先に立つから、もうさっそく書きたくてしょうがない。

こんなふうに書いたら喜んでくれるぞ、っていうのが溢《あふ》れ出す。

ひつじ サンタさんのホッホッホー状態だ。なるほどねぇ。

双雲 そう考えると、ぼくも目標を持っていないわけではないんだな。

だって、仕事を頼んでくれた人を喜ばせたい、というのは目標だもんね。

目標っていうのは標《しるべ》、あくまでもどっちに進むかの目印で、それにとらわれるようなものではなかったはずなんだよね。

仕事

ひつじ　目標があるというのは同じでも、プレゼントを選ぶときのように、楽しく仕事をできる人もいれば、吐き気や胃痛に悩む人——経営者なんてこっちのほうが圧倒的に多いと思いますけど——がいる。それはどこで分かれるんでしょうね。

双雲　うーん。**環境が大きいかもしれない。**

ひつじ　環境？

双雲　東京で、ぼくの知り合いが美容室をやっているんだけど、本当に大変。競争が厳しいなかで、いかに寝ずに努力してブランドを確立できるか、という世界でしょう。だから、労働環境もいわゆるブラックになりやすい。

ひつじ　新人の美容師さんなんて、シャンプーのやりすぎで、あかぎれが治るヒマがないって言いますよね。お給料も安いし。

双雲　ところが、湘南の、うちの息子が行っている美容室なんて、急に休んだりする。

張り紙がしてあってね。**「いい波が来てるので休みます」**とか**「バリ島に波乗りに行ってきます」**とか書いてある。

ひつじ　たしかにここらへんは、東京近郊なのに雰囲気が違いますよね。のんびりしているというか、自由というか。町中をサーフボードを抱えた人が歩いていて。

双雲　人間って、環境にすごく影響を受けると思うんだ。それは、環境適応能力があるということも含めてね。
もしかすると、**努力したり、目標を設定したり、計画したりすることより、環境を正しく選ぶことのほうが大事かもしれない。**

ひつじ　それはくわしく聞きたいお話ですね。

どんな仕事かより、どこで働くか。直感でＮＴＴを辞めた男の話。

12

ひつじ　で、環境を正しく選ぶ、というのは？

双雲　ワークライフバランスも大切だし、ストレス対策のために瞑想するのもいい。マインドフルネスとか、ポジティブ思考とかも大事だとは思う。
でも、たとえば東京みたいな都会でそんな努力をしているよりも、**海を見に行ったほうが効果があるかもしれないと思わない？**

ひつじ　うーん。たしかに。
東京からこっち（双雲さんの教室がある湘南）へ来ると、なんだかほっとします。気持ちが穏やかになるというか。

双雲　でしょ？
東京でずっとがんばってうまくいかなかった人が、たとえば宮崎に引っ越したらいきなり幸せになれるかもしれない。

ひつじ　うーん。そういうことはあり得るとは思いますよ。
ただ、ちょっと田舎に遊びに行くくらいならともかく、住む場所を変えるのは箇単ではないですから。

双雲　もちろん、いつでも誰でも、簡単に働く場所を変えられるとは言わない。でも、まず考え方を変えてみたらどうだろう。

「キャリアアップのための転職」とか、「別の会社に移ることになっても通用するスキルを身に付けよう」とか、考えている人は普通にいっぱいいるよね。

ひつじ　はい、そういう人たちがビジネス書の読者です。

双雲　仕事を替えたり、会社を替えたりするのは普通のことになって、それなりに転職の自由度は上がっている。

だったら、**幸せになるために「会社を選ぶ」ではなく、「働く場所を選ぶ」と考える人も、もう少し増えてもいい。**

実際に、環境を選びやすくはなっているはずだと思うんだよね。

ひつじ　なるほど。**転職とかキャリアチェンジじゃなくて、環境チェンジみたいな。**

双雲　そうそう。

10年くらい前かな。ひどい就職難だと言われていたころ、全国の企業を講演で回っていて気づいたんだ。

たしかに都会では就職先がなくて、就活学生が100社受けて内定がまだ取れないみたいな世界だった。

ところが、四国や東北に行くと、伸びている企業がいくらでもある。しかも人が足りない。「いくら募集しても人が来ないんだよ」と困っている。

そんなところに若い人が入ってくれたら、大歓迎されるのにね。

目をこらして観れば、ステキな会社が世の中にはたくさんある。ということは、自分が幸せに働ける環境で、仕事はきっと見つけられる。

仕事がないからといって、都会にしがみついている必要はない。

ひつじ　情報化社会のはずなのに、意外とみんな視野が狭くなってしまっているのかなぁ。

双雲　情報化社会だから、かえって〝知った気〟になってしまって、「そんなうまい話はない」と、たかを括《くく》ってしまうのかもね。自分の体感の裏付けがないのに、正しいと思っちゃう。
ぼくの友達でも、東京でファッションブランドを立ち上げてやっていたんだけど、島根に家族で移住した人がいるよ。

ひつじ 最近は、UターンやIターンを歓迎している自治体がたくさんありますよね。

双雲 その友達も、町起こしということで島根のある市に呼ばれて引っ越したんだよね。そこで貸してもらった家が、8部屋ある一軒家で、家賃は1万5000円。「カフェをやってくれないか」と頼まれたんだけど、カフェに使う店舗物件の家賃はゼロでいい。「ただでもいい、使ってくれるだけでいい」と。家が余りまくっているんだよね。

ひつじ 恵まれた環境ですねぇ。

双雲 そういう環境だから、東京に比べてぜんぜんお金がかからない。年収300万円でも十分豊かな暮らしができる。
熊本の山奥の村に訪ねていったときは、地元の小学校を見せてもらった。とても

ひつじ　小さな小学校で、児童は20人しかいない。でも、そこに先生が2人つく。10人に1人だよ。全学年が同じ部屋で授業を受けて、いつでも年の離れた子といっしょに活動できる。iPadが支給されていて、2人の先生で手が回らない科目については遠隔授業を受けられる。もちろんまわりは自然でいっぱい。イノシシが撃たれたらみんなで見に行って、その場でイノシシがさばかれるところを見て、鍋にして食べる。いろんな考え方があるとは思うけど、素晴らしい教育環境だよね。

双雲　都会ではあり得ない体験ができますよね。田舎で暮らすのもいいかもしれないなぁ。

ひつじ　今はアマゾンがあるから不便じゃないし、車で30分も走れば、ショッピングモールもあるしね。

双雲　なんだか、東京で働くメリットがわからなくなってきました。

ひつじ　通勤時間が長くて、物価が高くて、家が狭くて。仕事だって、必ずしも東京のほうが恵まれているとも言えない。
そうなると……ネオンが好きな人は東京に住むのがいいだろうけど。

ひつじ 特に満員電車はつらいですね。あれ、なんとかならないのかな。この便利な時代に、奴隷船より満員じゃないですか。

双雲 たしかに。
だから、田舎がいいと言っても、おすすめできないパターンがある。「東京に仕事があるんですけど、湘南はいいところだから引っ越したい」という人。だって、毎日湘南から東京へ通わなければいけないから。
通勤が長くなるんだったら、あまり住む意味はないと思う。

ひつじ 環境のいいところに住んでも、長時間通勤の苦痛で相殺《そうさい》されてしまう、ってこともありますよね。

双雲 そうだね。そういうことも含めて、「ライフワークバランス」だと思うんだよね。

ひつじ **どこに住むか、どこで働くかってとても大事ですね。**

ついつい、どんな仕事をするかとか、どの会社で働くかばかり考えてしまいがちだけれど。

双雲　じつはぼくも、そろそろ活動拠点を移そうかと思っている。近いうちに、カリフォルニアに引っ越そうかと思っているんだよね。

ひつじ　本当ですか。カリフォルニアといえば、双雲さんが雨雲を呼んだところですね。

双雲　いろんな国に行ってみるのは、自分に合う場所を見つけるためでもあるんだよね。あちこち見て回ったけれど、ヨーロッパはぼくには合わなかった。伝統と文化が長すぎる重み、というのかな。
素晴らしいことなんだけど、ぼくには少し息苦しい。それは日本と似た息苦しさだね。
その点、アメリカはいい意味でゆるい。
あと、カリフォルニアは蚊がいないのもいいなぁ。外でずっとハンモックに揺られていても刺されない。

ひつじ　そうですか。双雲さんの好きな雨は少ないみたいですけど。

双雲　もちろん、アメリカはどうにも合わない、居心地が悪いという人もいると思う。トルコがいいという人もいるし、いろんな国を回ってみて「やっぱり日本だ」という人もいるでしょう。

国内であれ国外であれ、**その土地が合うかどうかは、行ってみたらわかる。**

そもそも、湘南を選んだのも、頭じゃなくて、感覚だからね。「ここは気持ちいいな。ここで活動できたらのびのびできるな」と。

それがあって、会社を辞めることができた。

ひつじ　NTTを辞めて書道家になったのは、そういう経緯だったんですね。奥さん、反対しませんでした？

双雲　反対したよ。「虫が出そうだ」って。

最初に教室を開いたのは、本当にうっそうとした森のなかの、200坪ある古い日本家屋で。
お茶の先生が住んでいたというんだけど、家賃もＮＴＴの時の月収より高くて、しかも駅からもバス停からも遠い。教室をやるには、あらゆる条件がよろしくない。

ひつじ　交通の便が悪い上に固定費が高いなんて、条件的には最悪ですよね。

双雲　でも、結果的に「ここだ」という直感が見事に当たった。

ひつじ　その直感に従っていなかったら、書道家・武田双雲はなかったかもしれないですね。

自分とうまくチューニングできる場所に出合ったら、そこで仕事を探す、というのもありですね。

双雲　うん。雇用条件とかで転職先を選ぶよりは、うまくいくような気がするなぁ。

光の章

ポジティブを引き寄せる

自分の心を観れば、
毎日がラクになる

いいワクワクと悪いワクワク。初期値「デフォルト」の重要性。

13

ひつじ  ぼくも双雲さんのように、直感に従って動くようにしたらいいのかなぁ。

双雲  直感という呼び方でいいのかはわからないけど。**ワクワクするというか、心が動くって感じかな。**
ただ、最近わかってきたことがあって、ワクワクもいいけど、ワクワクもいろいろある。

ひつじ 悪いワクワクもある？

双雲 **アドレナリンがドバドバ出てる興奮だけのワクワクはあぶない。**

ひつじ じゃ、いいワクワクは？

双雲 **リラックスしている。「これだ」「ここだ」という静かな確信がある。自律神経のバランスが取れたワクワク。**

ひつじ アドレナリンと自律神経ですか。むずかしいですね。
でも、なんとなく双雲さんの言いたいことはわかります。

カジノで勝ち続けている人って、すごくワクワクしていますけど、その先にはロクなことがない……みたいな話でしょ。

双雲　そう、そういうこと。

悪いワクワクはアドレナリンがガンガン出ている。**「これだ」と思っても、後で何か良くないことが起こる。**

変な話だけど、結婚している人はわかりやすいんじゃないかな。

アドレナリンがガンガン出ているような状態で、テンションが最高潮のときに、結婚を決めましたという人、案外少ないよね。

ひつじ　ああ、たしかに。ある程度長く付き合って、落ち着いた関係になったときに、「この人と結婚するんだな」と静かに確信する……、だったような気がします、少なくともぼくは。

双雲　逆に、「運命の人」と出会っちゃって、一気に燃え上がってスピード結婚なんていうのは……。

ひつじ　「若気の至り」だったと後で気づくことになりがちですねぇ。

いますよ、友達でも。

なるほど、恋愛や結婚を例にとるとわかりやすいかもしれない。

いいワクワクと、悪いワクワク。いい直感と悪い直感。


双雲　でもね、悪いほうの直感に流されてしまう「若気の至り」経験も、失敗だと思う必要はないんだよ。

だって、結局のところ、どういうのがいいワクワクで、どういうのが悪いワクワクかなんて、経験を積まなくてはわからない。

若いって、アドレナリンが出やすくて失敗しやすいってことだからね。

だから、**最初から正しく判断できなくていい。**

まずは自分の感情を受け止めて、ちゃんと感じるという練習をすること。

ひつじ　スピリチュアルが好きな人は「波動を感じろ」なんて言うでしょう。
言いますね。波動って、宇宙のエネルギーみたいな意味かな。

双雲　波動とか宇宙エネルギーというものがあるとして、ぼくらがそれを感じられるとしたら、自分の感情として感じるしかないと思う。**自分の感情が宇宙エネルギーなんだよ。**教祖っぽい特別な人だけが受け取るんじゃなくて、**誰もが受け取っている。**だから感情は大事。

ひつじ　感情って、軽視されがちですよね。大人になると、「それは感情にすぎない」なんて言い方をして。

双雲　感情に流されるままだと危ないというのはたしかに、ある意味で正しいからね。でも、それは感情を軽視すべきということではない。流されたら危ないからこそ、感情をちゃんと観られるようになることが大事。

ひつじ　**感情を、観る？**

双雲　現代人は、感情を整えようとするでしょ。

ひつじ　ええ。瞑想やヨガが流行るのは、感情を整えたい人が多いからというのもあるでしょうね。
怒りをコントロールする「アンガーマネジメント」なんていうのもあります。

双雲　それもいいんだけど、感情を整える前に、まずは感情をちゃんと観られるようにならないと。ただ、観る。

自分の感情を観て、「俺、イライラしてるな」と思えばいい。

「なんでイライラしているんだろう」とか、「早くイライラを止めなきゃ」なんて考えなくていい。

「俺、イライラしているな」と「観る」だけで、もうイライラの中にいるのとは、ぜんぜん違う状態になっている。意外とむずかしいことだけれども。

ひつじ　じゃあ、**ワクワクしたときも、まずは自分のワクワクをただ観ればいい**ってことですか。「俺、ワクワクしているな」と。

双雲　そう。すると、そのワクワクがどういうワクワクなのか、自然に観えてくる。

ひつじ　なるほど。ぼくの場合は、まずはもっとワクワクすることが増えたらいいなぁ。そもそも最近は、あまりワクワクしないですから。

双雲　ワクワクを増やす努力をするというよりも、**デフォルト（初期値）がワクワクだといいんだけどねぇ。**

ひつじ　いつもワクワクしているってことですか？

双雲　いつもじゃなくてもいいんだけど、放っておいたらそうなる初期状態がワクワクってことだね。デフォルトが不安と心配の人は、気を抜いたら不安になっちゃう。油断したら心配で眠れなくなっちゃう。だから、いろんなストレス解消法を実践して、努力して幸せになる。

そうじゃなくて、**「気を抜いたら幸せになっちゃう」**ほうがいいでしょ？

ひつじ　気を抜いたら幸せになっちゃう？　また斬新なフレーズが出ましたね。

双雲　そうかな？

ひつじ　つまり、普通の人は、努力して幸せになるけど、気を抜いて努力をやめてしまったら、また不安になったり、心配になってしまう。不幸にリバウンドしてしまう……ということですよね？

双雲　そうそう。そうじゃなくて、気を抜いたら幸せになっちゃうほうがいいでしょう。

ひつじ　それはそうですけど。そんなにうまくいきますか？

双雲　やせたいとか、お金持ちになりたいとか、幸せになりたいとかいった願望がぼくら人間にはある。

あって当然なんだけど、じつは「やせたい」と思った時点で、初期状態のデフォルトがデブなんだよね。

デフォルトがやせているひつじくんは「やせたい」なんて思わない。これをお金で考えてもいい。お金持ちって、努力して成功した人、というイメージがあるけど、じつはいるんだよ、デフォルトがお金持ちの人が。

お金持ちになりたいなんて思ったこともなくて、貧乏になる方法がわからないという人が。

ひつじ うらやましいですねぇ。

双雲 ねぇ。そうかと思えば、日本人の多くは「水がほしい」なんて切実に思ったことはない。きれいな水がつねに豊富にある国で生まれ育ったから。

……あれ？　なんの話だっけ。

ひつじ えーと、「気を抜いたら幸せになっちゃう」のがいい、という話でした。

双雲 それだ。「幸せになりたい」と思うということは、幸せがデフォルトじゃないってことなんだよね。

やせたい!
強くなりたい!
金持ちになりたい!
やさしくなりたい!
明るくなりたい!

努力して幸せになるのもいいけど、それ以前に、デフォルトが不幸でいいの？
ということ。
デフォルトが幸せで、不幸になる方法がわからない……のほうがいいと思わない？

ひつじ 思います。思いますよ。
問題は、そのデフォルトを動かすことってできるんですか？ってことなんです。

「哲学とは何か」の唐突な説明と、再び「関心」について。

14

ひつじ デフォルトを動かすっていうことは、ぼくが太りやすい体質になったり、双雲さんがやせやすい体質になったりするようなことですよね？

体質改善だって十分むずかしいけれど、心のデフォルトを変えることは、もっとむずかしいような気がするんですが。

結局、ネガティブな人に「もっとポジティブになりましょう」なんて言っている、よくある……ま、言ってしまえば、無責任な自己啓発本みたいになりませんか。

双雲 ひつじくん、鋭いなぁ。

たしかにむずかしい問題ではあるんだよね。

その人のデフォルトの状態が、仏教でいう「我《が》」。つまり「自分」とか「私」ということ。

「我（自分、私）」を変えることができるのかどうか。

「我」を変えてしまったらもう「自分、私」とは言えないんじゃないか？　変わらないものを「私」と言うんじゃないの？　そもそも「自分」ってなんなの？

……というようなことを、人類の歴史と同じくらいの間、考えてきたのが哲学。

だから、ぼくにもそう簡単に答えは出せない。

ひつじ
双雲さん、今、さらっとすごいこと言いましたね。
哲学って、そういうことだったんだ。
「私とは何か？」なんて考えてなんの意味があるんだろうと思っていたけれど。
じつはダイエットや、お金や、幸福とも関わっているんですね。

双雲
そういうこと。とても身近な問題。だけどむずかしい問題。

ひつじ
うーん。デフォルトが変わるということは、ぼくが別の「ぼく」になるようなことなんだ。
だとすると、やっぱり変えるのはむずかしい気がするなぁ。
「気を抜くと不安になっちゃう人」が、「気を抜くと幸せになっちゃう人」になるのは、ムリなんじゃないですか？

双雲
むずかしいことは間違いないと思うけれど、でも、方法がまったくないとも思わない。ヒントになりそうなことは考えられるよ。

わかりやすいから、またお金の話にしようか。

ここに資産が100円の人と、資産が1億円の人がいる。**100円の人は、1億円の人になりたい。**

ひつじ ということは、お金持ちになりたい。つまり、デフォルトが貧乏、と言ったら悪いけど、「お金が少ない」のがデフォルトの人ですね。

双雲 そうだね。でも、考えてみると1億円が多くて、100円が少ないというのは相対的な話だ。資産が100円の人が、「100円は少ない。自分は貧乏だ」と感じているのは、相対的な見方にすぎない。

そこで、100円は少ないという前提を外してみる。

といっても、「100円だって考えようによっては多い」とか、「100円で十分だ」とか、無理に考えなくていい。

ただ、100円を感じる。「100円がある」と感じる。

ひつじ 「100円しかない」とか、「100円だけがある」とかではなく。

双雲　そう。ただ、「100円がある」。実際に100円はあるんだから、**100円を素直に、そのままに感じればいい。**

ひつじ　**……それで？**

双雲　**これだけ。**

ひつじ　これだけですか？　うーん、なんだか心もとないなぁ。

双雲　そうかな？
これってじつは、前に話した「世界感謝の日」とも関係するんだけどね。

ひつじ　ワールド・ワイド・カンシャデイ。また意外なところにつながるんですね。

双雲　ぼくが「世界感謝の日」をなぜやろうとしているかというと、それしか世界を変える方法がないから。ぼくは戦争をなくせるわけでもないし、病気をなくせるわけでもない。環境汚染を止められるわけでもない。

ぼくにできることは、初期値を変えること。今の状態、今あるものに感謝、アプリシエイトすることの重要性を伝えることとくらい。

ひつじ あ……。アプリシエイトって、観る、関心を向けるという意味もありましたよね。

双雲 そう。だから、さっきの話は、ようするに100円をアプリシエイトしましょうという話。

ひつじ **多いとか少ないとかでなく、自分が持っている100円に関心を向けて、観る。**

双雲 それをやらないで、**「多い」とか「少ない」とかいう見方をしている限り、たとえ1億円持っていても不幸だろうね。**

「あいつは10億円持っている、それに比べれば少ない」とか。

「今は1億円あるけど、減ったらどうしよう」とかね。

ひつじ なるほど。

前に聞いたのは、関心を向けることで相手が変わる、相手との関係が変わるという話でしたよね。奥さんを5秒、よけいに観ると夫婦仲が良くなるかもという。

双雲 そう。そして、デフォルトを動かすときにも、関心を向ける、ただ観るというやり方が使える。

ひつじ じゃあ、今はお金の話でしたけど、体重だったら、太っているとか、やせているではなく、ただ「これくらいの体形だ」と観るだけでいいわけですね。

双雲 そうだね。じゃあ、デフォルトが不幸の人、気を抜くと不安になってしまう人はどうすればいいか、なんだけど……。

ひつじ わかりました。**「あ、俺、不安になっている」と、ただ観ればいいんだ。**

双雲 正解。
ひつじくん、だんだん冴《さ》えてきたね。もうぼくがしゃべる必要ないんじゃない？

ひつじ それは困ります、まだまだ双雲さんに聞きたいことがありますから。

15

ポジティブはなぜ「におう」のかと、ポジティブ・バキューム力ーの話。

双雲　ぜんぜん話は変わるけど、**最近の若い子って脚長くない？**

ひつじ　はあ。長いですね。ぼくたちの世代と比べると明らかに。

双雲　明らかに昭和の日本人より顔が小さいしね。
ロシアに行ったときは、現地の人が「最近の子は脚が長いよね」と言っていた。

ひつじ　ロシアでもですか。日本人の体形だけが変わったわけじゃないのかぁ。

双雲　考えてみると、ほんの数十年の間に目に見えるほどの変化が起きるというのはおかしい。しかも、世界各地でいっせいに。
だって、進化っていうのは何世代も何世代もかけて起きるものだから。

ひつじ　それはそうですね。
キリンの首だって、１００年や１０００年で伸びたわけじゃないでしょうし。

双雲　脚が長くなったのは生活が西洋化したからだ、なんてことも言われているけど、それもどうかな。だって、ロシア人の脚だって伸びているんだからね。

この不思議を、どう考えるか。

ぼくは、**人間にはそれだけの可能性がある、ということの表れだと思う。**人の一生は、たった100年未満だけど、けっこうな変化が起きる。

とすると、**3世代くらいあとには人間にも羽が生えるかもしれない。**

ひつじ

まさか。

双雲

でも、鳥だってヒトだって、たどっていけば同じ先祖だからね。ぼくらも羽が生える遺伝子を持っていて、スイッチさえ入れれば、発現するかもしれない。今は羽はいらないから生えないだけでね。だって、しっぽの跡だってあるんだから。

じゃあ、**変化のスイッチを入れるものは何か。それがイメ**

ージだよ。

脚が長いほうがモテる。顔が小さいほうがスタイリッシュだ。という、ある意味での刷り込みが、一気にメディアを通じて広がった。すると理想的な体形のイメージが変わる。

イメージが変わると、実際に体形が変わってしまった。

ひつじ　たしかに、そう見えますよね。

双雲　他にも同じようなことはある。

たとえば、１００メートル走の世界記録は長いこと10秒を切れなかった。10秒をはじめて切ったのがカール・ルイス。

今では、オリンピックで入賞するような選手たちはみんな当たり前のように10秒を切る。

なぜこんなに劇的に変化したのか？

もちろん技術の進歩もあるけれど、それ以上に「人は１００メートルを10秒未満で走れる」というイメージが、一気に広がったからだよ。

ひつじ　**イメージが広がると、それが現実になるんだ。**

双雲　イメージが広がって、みんなが一斉にそこにエネルギーを向けると、イメージは現実化してしまうんだね。

それが可能なのは、マスメディアという世界中の人のイメージをプログラミングできる装置があるから。人の可能性のスイッチをオンできる装置と言ってもいい。ということは、メディアがネガティブなイメージを伝えると、その影響力もとても大きい。

ひつじ　前におっしゃっていた、現代社会はいつも空襲警報が鳴っているようなものだという話ですね。

双雲　そうそう。平成の時代は、不安遺伝子がスイッチオンされることが増え続けたんじゃないかな。メディアの発達によって。

不安になればアドレナリンが出る。アドレナリンは危機や敵に対処するホルモンだから、ある意味で力を引き出してくれるけど、疲れやすくもなる。自律神経が乱れる。それは幸福ではない。

アドレナリンを出し続けて、出し続けて、もう出ませんとなったら——うつになる。

ひつじ　不安遺伝子のスイッチを入れ続けられる環境で、幸せでいられる人はいないですよね。

どうしたらいいんだろう。

双雲　**たとえばニュースを見ないのは一つの手だろうね。**ベトナムに1カ月いたときは、ニュースを見なかったけど、なんの不自由もなかったよ。

会社勤めだって、本当は、「つらいなら辞めてしまえばいい」と言いたいんだ。でも、ぼくはたまたま、恵まれた環境にいるからそう言えるけど、実際に厳しい環境にいる人にどう言えばいいのか、というのはむずかしい。

ベトナムには日本人がけっこう住んでいて、なかには日本で2回、自殺しかけたという人もいた。

テレビ業界で働いていたんだけど、仕事がどうにもつらくて、「いっそ死ぬ前にやりたいことをやろう」と思って、アジアを回る旅に出た。そうしたら、ベトナムで彼女ができて、そのまま住み着いて、それからは「幸せで仕方がない」って言うんだ。
「収入は激減したけど、だんぜん豊かさを感じていられる。こっちに来て良かった」とその人は言っていた。

ひつじ　環境を変えれば幸せになれるという話ですね。国内で地方に移住するだけじゃなく、海外に行くという手もあると。

双雲　うん。**人間って、どこかに幸せになれる環境があると思うんだ。**そういう意味での「適材適所」がきっとある。
そうかと思えば、ぼくの友達は大企業のシステム系で働いているのが多いんだけど……。

ひつじ　プログラマーとかシステムエンジニアとかは、いわゆる「ブラック」な環境が多いと言いますよね。

双雲　話を聞くとすごいよ。はっきり言って「生き地獄」だね。友達に聞いてみたんだ。「そんな環境でどうやって生きているの?」って。そうしたら、「感情を消すしかないよ」と言う。たとえば、苦しそうな部下を助けようなんて考えたら、自分がやられる。感情を消して、自分がやるべきことをやったら、さっさと帰るというやり方でやり過ごすしかないって。

ひつじ　ああ、わかる気がするなあ。業種を問わず、そうするしかない人はいっぱいいると思います。

双雲　そういう人たちに、「もっとポジティブに生きろ」「そんな会社、辞めてしまえばいい」と言っても響かないよね。ひつじくんが言っていたように、無責任な自己啓発本みたいになってしまう。

ひつじ　悩みどころですね。

双雲　こういう話をしていると、混乱してくるんだよね。**前向きな話をしてい**

る人が本当に前向きなのか？と。

小さいころ、親戚の家に行ったらシフォンケーキが出た。おばさんが「大智くんのために焼いたのよ。おいしいから食べて」って。ぼくは、本当はシフォンケーキが嫌いだったんだけど、無理して「おいしい、おいしい」と言って食べて……その後、全部もどした。

ひつじ　今度はなんの話ですか？

双雲　**フェイスブックなんかを見ていると、キラキラした、前向きな投稿が流れてくる。**それを見ていると、危うさを感じるんだよね。

「おいしい、おいしい」って言いながら無理にシフォンケーキを口に押し込んでいた自分を思い出すんだよ。

ネガティブなものは、たしかにイヤなにおいがするけど、それにフタをして、ポジティブな香水をふりかけても、いいにおいにはならないよね。よけいくさい。

ひつじ　うーん、ポジティブな発言に何かイヤな、くさみみたいなものを感じてしまうのは、そういうことか。
じゃあ、ネガティブな人に、どんなアドバイスができるんだろう。

双雲　結局は、ネガティブなものから目をそむけるのもいけない。バランス……。

ひつじ　それじゃあまりにも月並みです。
双雲さん、いろんな企業に研修で呼ばれているでしょう。心を前向きに持っていくためのアドバイスとか、しているんじゃないですか？

双雲　さすがに、企業の研修で「会社なんて辞めろ」とは言えないよね。
呼んでくれた上の人たちは、社員に心を前向きに持っていく方法とか、モチベーションを高める方法とか、ポジティブなものを植え付けたい。だけど、実際に研修を受ける人たちは熱が低いという場合がほとんど。
そういうときにぼくが言うことは、一貫していて、**「ポジティブ情報の攻撃を仕掛ける」**ということ。

ひつじ　**攻撃、ですか？**

双雲　うん。

何度も言うように、現代はメディアを通じてネガティブ情報がどんどん入ってくる。

自分が生きて、仕事をしている環境にも、ネガティブなことは多い。ぼくの友達のように、感情を殺してやり過ごしている人もいる。

ネガティブ情報はあまりにも多くて、完全にかわし切ることはできないし、フタをして、何もなかったことに……。つまり、目をそらして済ませることもできない。それを認める。

認めた上で、みんなが前向きになるような情報を、自分から発信し続けるんだ。

ひつじ　……？

双雲　前向きと言っても、明るいこととは限らないよ。

みんなが前向きになれるような、**「気づきのニュース」**と言ったらいいかな。

ひつじ　**気づきのニュース？**

双雲　たとえば、ガードレールを観たとする。そうしたら、「ガードレールって誰がつくったんだろう」と言ってみる。

ガードレールって、道路で何か危ないことが起きたときに、歩行者をガードしてくれるものだよね。

つまり、ガードレールは「やさしさ」だ。誰かが誰かのことを考えて、ガードレールをつくった。

そういう目で観ると、ガードレールの横に立っている電柱も、道路自体も、手に持っているペットボトルも、やさしさでできている。

誰かが誰かのことを考えてつくったものだから。

ひつじ　たしかにそうです。

双雲

あとは、税金。税金の話で前向きになる人は少ない。できればフタをして見ないようにしたい人が多いよね。

でも、考えてみれば豊かさをみんなでシェアするというシステムが税金でしょ。

そう気づくと、**税金を払うたびに、税金と聞くたびに、少し前向きになれる。**

たぶん、このぼくの話を聞いた人は、次にガードレールを観たときに、ちょっとだけ見方が変わると思う。すると、電柱や道路や、コップや、給与明細の税金の欄に対する見方がちょっとだけ前向きになる。

前向きなメガネをかけたようなもので、今までよりも前向きな情報が入ってくるようになる。

すると、前向きなメガネの度が強化されて、さらに前向きな情報が入ってくるようになって、最後には、前向きな情報をどんどん吸い寄せるようになる。

前向きのバキュームカーだね。

ひつじ

バキュームカー！

双雲　逆に、ネガティブのバキュームカーになってしまっている人は、そういうメガネ……後ろ向きのメガネをかけてしまっているんだよ。

あ、バキュームカーもやさしさだよね。下水が整備されていない地域の人は、バキュームカーがなかったら生活できない。

……こういう思考のサイクルが起きるように、「ガードレールって、誰がつくったんだろう」と気づきのニュースを発信しつづける。みんなが前向きになれるような発信、「ポジティブ情報の攻撃」を仕掛ける。

これがぼくなりの作戦。

ひつじ　あっ、そういうことか。

双雲　また何か気づいた?

ひつじ　**「気づきのニュース」を発信するためには、気づかなければいけないし、気づくためにも「ただ観る」ことが大事なんですね。**

双雲　素晴らしい。

1・01理論、超スーパー長期的にリターンを求める生き方。

16

ひつじ　結局、**ポジティブになるためにできることって、ほんの小さなことなんですよね。**ガードレールを観ることができるかどうか、そこでちょっとだけ気づけるかどうか、みたいな。

双雲　そうそう、ちょっとしたことなんだよ。**「1・01理論」って知っている？**

ひつじ　**いってんぜろいち？**　なんですか、それは。また科学の話？

双雲　1・01の百乗っていくつかわかる？

ひつじ　さぁ。

双雲　1・01の百乗は、約2・7。毎日、ほんのちょっとずつでいいから、ポジティブになるための変化をしていくことにする。ほんの1パーセント。今が1だとしたら、それを1・01にするだけでいい。

1日目は1・01になった。

2日目、これにまた1・01を掛けると（1・01の二乗）、約1・02。

3日目も同じように1・01を掛けると約1・03。微々たる変化でしょ。

ところが、これを100日続けると、約2・7。3倍近くまでいってしまう。

じゃあ365日、1年続けたらどうなるか。最初と比べると、約37・7倍になる。

ひつじ　すごい。指数関数ってやつですね。

双雲　だから、**ほんのちょっとしたことでも、毎日続けていくと、やがて大きな変化につながる。**

逆も言える。毎日少しずつ、ネガティブなほうに……。たとえば、今日が1だとしたら明日は0・99になるような変化を毎日続けるとどうなるか。

0・99の百乗は、約0・36。

ひつじ　ちょっとだけネガティブを100日続けると、3分の1くらいまで下がってしまうのか。恐ろしい。

双雲　ほんのちょっとが、いかに大事かがわかるでしょ。日々感謝しても、わかりやすい見返りはない。それこそ、ガードレールを観たって、何が変わるんだ、と思うかもしれない。でも、その積み重ねが重要。10年感謝し続けたら、とんでもないものが返ってくる。
ウォーレン・バフェットって知ってる？

ひつじ　ええ、世界一の投資家と言われる大金持ちですよね。

双雲　よく言われるのが、ウォーレン・バフェットの投資手法は長期的な利益を求めるやり方なんだということ。

デイトレードで、一瞬で1億円儲けた！　なんて人もいるけど、バフェットさんは10年、20年という単位で儲かればいいや、という考え方で、将来有望な企業に投資する。

おそらく、長い目で見てみんなの幸福に貢献できるような会社を見つけて投資するんだと思う。そして、その方法で世界一の金持ちになった。

じゃあ、**いちばん短期で稼ごうとするのはどんな人かって**

いうと、たとえば泥棒だよ。

目の前のものを盗んでしまうのがいちばん手っ取り早い。

でも、そういう人は金持ちになるどころか、人生を台無しにしてしまう。

ひつじ　たしかに。

投資のプロの話を聞いたことがあるんですが、失敗して大損する人は、みんな短期で稼ごうとしてギャンブルみたいなことに手を出すそうですね。

双雲　結局、長い目で見て、長期的に何かを得ようとする人のほうが実りが大きいということだね。

お米だって、その場で食べたらなくなっちゃうけど、一部を残しておいて播《ま》けば、翌年は何倍もの収穫がある。そう気づいた人がいたから、人類はこんなに繁栄したんだから。

ひつじ　ウォーレン・バフェットの話が出てくるとは意外でしたけど、納得です。

長期的な目でリターンを求めればいいんですね。

双雲　長期的でもいいんだけど、それを超・長期的にしたり、超スーパー長期的にできたらもっといい。

それくらい長期的な見方だと、もうリターンのことなんて忘れちゃう。

ひつじ　でしょうね。

双雲　はたからは無欲な人に見えるだろうね。

何度も言っているけれど、欲自体を否定する必要はないし、欲をなくすことなんて、よほどの聖人でもなければ無理。

けれども、**超スーパー長期的にリターンを求める、そして日々感謝を積み重ねる……という生き方をすれば、はた目には無欲な人と変わりない。**

そうなると、実際に何かを求める気持ち……欲望とか、「何かが足りない」というマイナスの波動は少なくなっていると思うんだ。薄められているというべきか

な。

ひつじ　……双雲さん、前に「志や夢はパワーを生み出すとは限らない」と言ってましたよね。

何かを得たい、何かを実現したいという気持ちは、まだ得ていない、まだ実現していない、今を否定することになってしまうって。

双雲　そんなこと言った？

ひつじ　え!?

双雲　冗談だよ、言ったね。

ひつじ　それと、「金持ちになりたい」と思った時点でデフォルトが貧乏になっている、「やせたい」と思った時点でデフォルトがデブになってしまっている。どうにかしてデフォルトを動かせないか、という話をしていたんですよね。

双雲　そうだね。

ひつじ　ぼくは、何かを求める気持ちは捨てられないし、だからデフォルトを動かすのもむずかしいんじゃないかと思っていたんです。それこそ、ぼくたちは聖人じゃないですし。悟りを開くなんてとても無理だし。
でも、その答えが今、出たんじゃないですか？
何かを求めたり、欲しがったり、変わりたいと願ったりする気持ちは捨てられない。
でも、**何かを手に入れたり、実現したり、変われたりする、そういうリターンを超スーパー長期的に求めたら、それはもう無欲と区別がつかない。ぼくたちみたいな凡人は、そこを目指せばいいんじゃないかって。**

双雲　**……なるほど。いいこと言うね。**

ひつじ　なるほどって、双雲さんが言ったことですよ。

双雲　自分でもびっくりした。
また話がつながっちゃったね。難問だったけど、一応、結論が出たのかもしれないなぁ。

不機嫌になる簡単な方法。上機嫌でいる簡単な習慣。

17

双雲　超スーパー長期的にリターンを求める人になるためには、ちょっとしたコツもある。

ひつじ　それはぜひ、うかがいたいですね。

双雲　ぼくが小学生のころに、**巨人が負けた試合の翌日は機嫌が悪い先生がいた。**

ひつじ　あー、いますねぇ、そういう人。
でも、小学校の先生がそれじゃ困るなぁ。子どもたちに悪影響が出る。

双雲　でも、そういう人って、いっぱいいるでしょう。株価が下がると機嫌が悪い人とか、こっちの受け答え一つで機嫌が悪くなってしまう人とか。

ひつじ　はい、はい。機嫌がすぐ上下する人は苦手だなー。逆に、いつもニコニコしている人や、つねに穏やかな人は、慕われますよね。

双雲　何かというと不機嫌になったり、イライラしたりする人は、当たり前だけれど、周囲に負のオーラを発散してしまうからね。
じゃあ、なんで不機嫌になってしまうかといえば、**自分の機嫌を「アウトソーシング」しているから。**

ひつじ　**アウトソーシングですか？**

双雲　自分の外側にあることに、自分の機嫌の良し悪《あ》しを委《ゆだ》ねているってことだね。

ひつじ　なるほど。
まあ、イヤなことや不本意なことがあったら、つい不機嫌になってしまうのは、わからないでもありませんが。

双雲　自分の外側で起きたことや、自分の周囲の空気に巻き込まれているうちは、どうしても感情をコントロールされてしまう。
で、不機嫌な人になっちゃうんだね。
じゃあ、どうすればそうならないでいられるかというと、ちょっとした言葉の習慣をつけるだけでいい。

「のに」という言葉を使わないようにするんだ。

ひつじ　**「のに」？**

双雲　あんなに応援した「のに」、巨人が負けた。
上がると思った「のに」、株価が下がった。
あとは、私はがんばった「のに」、結果が悪かった。評価されなかった。
あんなに親切に相談に乗ってあげた「のに」、お礼の言葉もない。
せっかく用意しておいた「のに」、食べてくれない。
何度も注意した「のに」、また同じ失敗をしやがって。
私はこんなに愛している「のに」……。

ひつじ　ああ、わかってきました。

双雲　**「のに」という言葉には、自分が正しく評価されていな**

い、正当なリターンを得ていないという不満が含まれている。

ひつじ 自分はがんばったのに、ちゃんと評価されていないと感じてしまうことは、ぼくもよくあります。

そうか、「のに」を使う人は、今すぐにリターンがほしい、と言っているようなものなんですね。

双雲 そうだね。そもそも、自分が努力したり、相談に乗ったり、注意したりして他人のために何かしてあげたり、野球やサッカーの好きなチームを応援したりするのは、誰かの評価を求めてすることなんだろうか。

評価やリターンを求めてすることだと考えると、自分の外で何か望まないことが起きるたびに、イライラしたり、機嫌が悪くなったりしてしまう。

ひつじ なんでも自分の思いどおりになるわけもないのに、いちいち機嫌が悪くなっていたら、疲れてしまいますね。そんな人生はイヤだなぁ。

せっかく巨人を応援するなら、楽しく応援したほうがいいに決まっているもの。

双雲

そういう機嫌のアウトソーシングから脱するために、「のに」という言葉を使わないようにしたほうがいい。

もちろん、いろいろなことが起こって、そのたびに心が動くのは当たり前だよ。

でも、**起きたことに振り回されないように、少しずつ距離を取っていくことはできるから。**

簡単なことだけど、これだけで気分のあり方を変えることができる。

それだけじゃなくて、「のに」という言葉から離れることで、すぐにリターンを求める姿勢も変わってくるからね。

ひつじ

わかりました。

ぼくも、「のに」という言葉は使わないように気をつけてみます。

しかし、**ほんのちょっとしたことなんですね。気分を変える、生きる姿勢を変えるためのコツって。**

期待を捨てるワーク。不満を軽減する考え方。

18

ひつじ　毎日つらいことがあったり、不満をためたりして生きている人が、簡単にラクになれる方法ってないんでしょうかね。

双雲　そうだなぁ……。
ひつじくんがコンビニに行ったとして、まずドアの前に立つよね。そうしたらどうなる？

ひつじ　自動ドアが開きます。

双雲　そうだね。すると、お店の人はなんて言う？

ひつじ　「いらっしゃいませ」って言うでしょうね。

双雲　じゃあ、買い物をして、帰るときには、なんて言うだろうね？

ひつじ　「ありがとうございました」って言ってくれると思います。

双雲　そうだよね。
つまり、ひつじくんは、コンビニに行けば当たり前に自動ドアが開いて、お店の人は「いらっしゃいませ」「ありがとうございました」と言ってくれると期待している。

じつは、**ぼくらはすごく期待して生きている。**

コンビニだけじゃないよ。電車は時間どおりに来てくれるだろう。ポストに手紙を入れれば届けてくれるだろう。自動販売機にお金を入れれば缶ジュースが出てくるだろう。給料日になれば、口座にお金が振り込まれるだろう……。

ひつじ ええ、たしかにそうです。

双雲 期待するのは当たり前だし、悪いことではないよ。

でも、忘れてはいけないのは、**期待は不満を生み出すということ。**

期待すればするほど、期待どおりにいかなかったときに不満を感じることになる。

家族に対して、会社に対して、社会に対して……。不満だらけな人っていうのは、それだけ期待が大きいってことでもある。

「もうちょっとこうしてくれたらいいのに」というようにね。

期待した結果、不満だらけになってしまったら、幸せではないよね。

ひつじ　そうですね。そうか、不満は期待から生まれるのか……。

双雲　日本人は、海外に旅行に行くと現地のお店の人の対応に怒ることが多い。ベトナムに行ったときもなかなかすごくて、レジで商品をドン！　と置かれるくらいは当たり前で。

レストランで「髪の毛が入ってるよ」と言ったら、「お前のだろう」と言われたこともあった。金髪で、明らかにぼくのじゃないんだけど……。

何か頼んでも、「今テレビ見てるから待て」と言われたり、めんどうくさそうに舌打ちされたりね。

でも、別に悪意でやっているわけじゃないんだよ。それが当たり前で、まるで家族に対するみたいにフランクに接しているだけなんだ、向こうは。

ところが、日本みたいな接客を期待している人は、怒っちゃう。

ひつじ たしかに日本のお店では、そんなことはあり得ないですよねぇ。

双雲 日本は期待に応える文化なのかもしれないね。だから、お店のサービスのレベルも高くなる。ところが、同時にクレーマーも多い。

ひつじ なるほど。**期待のレベルが高いからこそ、不満も多くなってしまうと。**

双雲 そこで、不満を減らすための即効性のある方法がある。**期待を捨てるというワークだよ。**

ひつじ 期待しないようにするわけですか。

双雲 さっきも言ったけど、期待するのは当たり前だし、悪いことじゃない。あくまでもワークとして、試しに期待を捨ててみる。
自動ドアが開くと期待しない。
お店の人が「いらっしゃいませ」「ありがとうございました」と言ってくれると期待しない。電車が時間どおりに来ると期待しない。

するとと、今まで当たり前だと思っていたことにすごく感謝できる。
「うわ、ドアが勝手に開いた！　すごい！」なんて。
そして、自分が今までいかにたくさんの期待をしてきたのかにも気づくことができる。そして、自分の不満の原因が見えてくる。

「そうか、自分が会社に不満だったのは、こういう期待をしていたからだったんだ」というように。

ひつじ

なるほど。

正体がわかれば、不満は軽くなっていきますね。

双雲

ぼくがこういうことを考えたのは、オーガニックカフェを開いたのがきっかけだったんだ。
オーガニックの野菜は、育てるとき農薬とか、成長促進剤とかを使わない。だから、収穫までに時間はかかる。
そのかわり、すごく生命力のある野菜ができる。

ひつじ　そうか。普通の野菜は、とにかく早く大きく成長するように、より収穫量が上がるように……という期待のもとに、農薬やら、化学肥料やら、成長促進剤をどんどん使っていているわけですね。

双雲　とにかく早く成果を出すことを期待されるのは、今という時代には仕方ないことなのかもしれない。

子育てでも同じだと思うよ。

子どもの成績をすぐ上げるとか、立派な子どもにすぐ育つこととかが期待されている。

野菜で言うと、**根っこが育つ前に、上の茎や葉を伸ばそうとしているような気がするんだよなぁ。**

ぼくも、教室に通っている子のお母さんによく聞かれるよ。

「このままで大丈夫なんでしょうか、この子は」って。

心配だから習い事をさせる、心配だから塾に行かせるってことなんだろうね。

ひつじ　期待は、不安の裏返しでもあるんですね。

双雲　なんでこんなに期待が膨らむかといえば、これも未来にとらわれているからだよ。**希望や期待は、今がダメで、未来に光を見る考え方だからね。**

ひつじ　今が安心で満たされていたら、期待なんかしないですよね。

双雲　みんなが満たされなくて、不安で、怖くて、未来に見える光のほうに手を伸ばしている。そういう社会になっているような気がするんだよね。だから、**自分は今、不安で怖いんだと気づくだけでも大きな一歩だと思うよ。**

ひつじ　そのためにも、まずは期待を捨てるワークをやってみたほうがいいですね。

海の章

幸せな波に乗る生き方

人生のいい波に
チューニングしよう

19

なぜ、道具を大切にするのか。生きるためのメソッド。

双雲　昔の精神科では、患者を治すのに過去のことを聞いていたそうだね。

ひつじ　ああ、心の病《やまい》の原因になっている、トラウマを探るということですよね。

双雲　それが一時、過去よりも未来に注目しよう、ということになった。**どうなりたいか、どう変わりたいかに目を向ける。**

ひつじ　でも、未来は扱いがむずかしいんでしたよね。実現したいことがあるのはいいけど、そうすると、まだ実現していない、今をおとしめることになりかねないって。

双雲　そうだね。
そこで、最近では、過去でも未来でもなく、**「今」に注目しよう**ということになった。

ひつじ　なるほど、わかる気がします。
目の前のことに意識を向けるマインドフルネスが流行《はや》っているのも、その流れなのかな。

ここまでの双雲さんのお話も、いろんな方向から「今」の大切さを語っていたような。

目の前にあるものを、ただ観る。五感で感じる。感謝する。

未来で手に入れたいものについては、1・01理論で超長期でリターンを期待して、今は忘れてしまうくらいでいい……という。

双雲 結局、ぼくが言いたかったことは、それなんだろうねえ。**「今」の大切さ。**

ひつじ それはよくわかったんです。

あとは、できたら、より上手に「今」に意識を向けるための方法をもう少し具体的に教えてもらえたら嬉しいなぁ。

双雲 なるほど。そうだな……。

そういえば、**ぼくは「丁寧《ていねい》」にハマってるよ。丁寧ブーム。**

ひつじ **丁寧ブーム、ですか。**それはまた、どんなブームですか？

双雲　なんでも丁寧にやる。

たとえば、このコップのお茶を飲む。スマホを見ながら無意識に飲むこともできるけど、あえて丁寧に飲む。

まず、コップを観る。なるべくやすらかな気持ちで。

透き通ってきれいだな、おもしろい形をしているな、と感じる。

コップに触れてみる。手触りを感じる。手に持った重みを感じる。もう一度、近くでよく観る。

コップに口をつける。唇の感覚に集中する。お茶が口の中に入る、冷たい。

お茶の香り。味。五感を使って、じっくりと味わう。お茶が食道を流れていくのを感じる。

ひつじ　お茶を一口飲むだけで、そこまでやるんですね。なるほど、これは丁寧です。

双雲　あとは、これがおすすめなんだけど、お風呂でシャンプーを使うでしょ。あのボトルのポンプを押すときに、丁寧に、ゆっくり押してみる。
あれはなんとも言えず気持ちいい感覚だってことに気づくから。

お風呂上がりにタオルで拭《ふ》くときも、丁寧に拭く。すると、タオルの手触りの素晴らしさに気づくことができる。

スマホも、ポテトチップスを食べた手で触ったりしない。ちゃんと手を洗ってから、静かに持ってタッチしてみる。

ひつじ すぐ試せそうなことばかりですね。

双雲 丁寧の「寧」は心が落ち着いているということ。丁寧って、なかなか深いんだよ。

たしかに、「今」に意識を向けると言っても、どうすればいいのかと考えると、むずかしいよね。頭で考えても、よくわからない。

そういうときは体の感覚を使えばいい。

丁寧にお茶を飲む。丁寧にごはんを食べる。丁寧に聞く。丁寧に話す。丁寧にものを持つ。

すると、自然に「今」に意識を向けることができるようになる。

ひつじ わかりやすいなあ。

心が乱れたり、未来や過去に引っ張られていると感じたときは、とりあえず丁寧に行動すればいいんだ。
そして、五感を研ぎ澄まして、観る、聴く、味わう、嗅ぐ、感じる……と。

双雲　そうだね。それは何度も言ってきた感謝とも通じる。
そういえば、ひつじくんは**「道具を大切に扱いなさい」**って言われたことない？

ひつじ　あります、あります。小学校のとき、書道の時間に言われました。

双雲　その先生がどういうつもりで言ったのかはわからないけれど……。
でも、子どものころに「道具を大切に扱いなさい」なんて言われると、普通は「お説教だな」と思うよね。何か、道徳的な。

ひつじ　そうですね。ぼくも「めんどうくさいなぁ」と思いましたよ。

双雲　じつは、そうじゃない。もっと実践的な話。

「道具を大切に扱いなさい」というのは、**道具を丁寧に使うことによって、感覚を研ぎ澄ますためのメソッドなんです。**

ひつじ ああ、なるほど。双雲さんのは「丁寧ブーム」だったけど、これは「丁寧メソッド」なんですね。

双雲 だから、書道だけじゃなくて、お花でも、お茶でも、いろいろとめんどうな所作《しょさ》が決まっているでしょう。

あれも全部、丁寧に動くことによって、感覚を研ぎ澄まして「今」に意識を集中するためのテクニック。意味もなくうるさいことを言っているわけではない。

ひつじ そうだったのかぁ。

双雲 頭で考えてもわからないけれど、**丁寧に動くことによって、自然に五感が鋭くなり、「今」を生きることができるようになる。**

「今」を生きるためのメソッド、テクニックを日本人は「道」と名づけた。書道、華道、茶道、みんなそういうものなんだ。さっきお茶を丁寧に飲む方法を話したけど、茶道なんて千利休《せんのりきゅう》のころから、そのことだけを徹底的に追究してきたわけだ。すごいよね。

ひつじ うーん。お茶やお花が「道」になったのはそういうことだったんですね。だとすると、現代人にこそ必要ですよね、「道」は。

双雲 そうだね。**情報が多くて、不安も多くて、穏やかな心で「今」を生きるのがむずかしい時代だからこそ、「道」が求められているのかもしれない。**世界中で日本文化が注目されているのもそのせいじゃないかな。神社や仏閣が「パワースポット」と呼ばれて人気なのも、同じ理由だと思う。どんなに雑な人でも、お寺や神社に行ったら参拝の所作は無視しないでしょ。

ひつじ ええ、丁寧に手を清めて、丁寧に手を合わせます。

そうか、神社や仏閣では、自然と丁寧に行動することになるから、感覚が研ぎ澄まされて、心が穏やかになるということか……。

双雲　だと思うよ。

ひつじ　**伝統的な所作というのは、「今」を生きるためのテクニックなんだなぁ。**

ずっと元気な人は
いない。
「病気に負ける」
ことも時には必要。

20

ひつじ　双雲さんっていつも元気だとばかり思っていたんですけど、少し前に大病されたって本当ですか？

双雲　うん、胆石《たんせき》をやってね。

２０１１年に倒れて、それから、２０１２年の1年間はひどかったなぁ。

最終的に胆のうを取ったんだけど、最初は取らずに東洋医学治療をしようとしてひどくなった。

胆石の痛みって、どのくらいひどいか、知ってる？

ひつじ　わからないです。

双雲　**本当に死ぬかと思った。**

体には黄疸《おうだん》が出て、もう真っ黄っ黄でね。

手術後も体調が戻らなくて、吐《は》き気がずっと続く。「この苦しみがいつまで続くんだろう」と暗い気持ちだった。

ひつじ　そこから復活して、今の双雲さんがいるわけですね。どうやって治したんですか?

双雲　こういうときこそ、自分の苦痛にどう対処したらいいのか、考えようと思ってね。つらいし、ものすごい不安もある。でも、よく考えると、体からしたら、そんなに心配されてもメリットはない。

ひつじ　まあ、そりゃそうです。

双雲　それなら、**ポジティブになることはできなくても、やるべきことをやって信じて待つしかないんじゃないか、と思うようになった。**

胆のうを取った後は、食生活に気をつけなければいけないから、それをきっかけにオーガニックに興味を持って、オーガニックのカフェを開くことになった。仕事のやり方も変えた。

だから結果的には、いいこともあったんだけどね。

ひつじ　というと、倒れるまでの双雲さんは、かなり無理をしていたんですか?

双雲　今思うと、**ワーカホリックだったねぇ。**

ひつじ　**意外だなぁ。**双雲さんがワーカホリック。

双雲　2009年くらいからずっと、とにかく休めていなかった。つねにどこかでプレッシャーを感じていたし、リラックスができていなかった。

仕事の量も、「まだまだいける」という感じでね。今思うと、ぜんぜんいけなかったんだけど。

自分の意欲を焚《た》きつけて、むりやりポジティブに持っていこうとしていたんだなぁ。病気して、やっと、そういうことがわかったんだ。

ひつじ　今の双雲さんとは、まるで違いますね。

そうやって無理を重ねて、ついに倒れた。

双雲　これも今から思うと、予兆はあったんだよ。1年くらい肩こりがひどかったのは、体がシグナルを送ってくれていたんだと思う。

2011年の8月に、体調が悪いから、さすがに休もう、とかなり勇気をもって決意した。8月1日から書道教室を1カ月休むことにして。

7月31日まで仕事をして、休みになったとたん、8月1日に倒れたんだよ。

ひつじ　偉いですね。仕事を終わらせてから倒れたんだ。
ぼくも、本ができてホッとしたとたんに倒れたことありますよ。

双雲　たしかに、仕事を終わらせてから倒れる人は立派かもしれない。

でも、裏を返すと、**人間はそこまで無理ができてしまうということでもある。それは恐ろしいことだよね。**

体はずっと前から「もう無理だ」って言っているのに。

つねにプレッシャーとストレスにさらされていると、全身の調子が悪くなっていく。

体はいろんな体調不良を起こして、「危ないよ、休みなさいよ」とイエローカードを出してくれる。

でも、人間はそれを無視してがんばることができてしまう。

そして、いよいよこれ以上無理をしたら危ない、というときになったら、体はレッドカードを出す。

ぼくの場合は胆のうだったけど、おそらく、体全部を壊してしまわないために、どこか1カ所が壊れるんだろうね。

で、倒れる。体からすれば、**「わかったか！　もう休め！」**というメッセージだよね。ぼくはその声をやっと聞いて、**「わかりました、休みます」**と降参した。おかげで助かったんだよね。

ひつじ

倒れるまでは、つらい、休みたいという自分の体の声を聞いていなかったということですね。

うーん、心当たりがあるなぁ。

双雲

だからぼくは、「病気に勝つ」という言い方は正しくないことも多いと思う。**病気は「休め」という体からの信号でもあるんだから。**それを敵視するのは違うんじゃないかな。

アンチエイジングもそうかもしれないなぁ。老化だって、「そろそろ落ち着きなさいよ」という体からの信号だとしたら、それに敵対してどうするの。

ひつじ おもしろいですね。病気も老化も、生き方を見直しなさい、というサイン。たしかに、それに勝っても仕方ないですね。

双雲 「自分に勝つ」という言葉も気になるんだよなぁ。「弱い自分に勝つ」とかさ、言うじゃない。

弱い自分に打ち勝ったとき、弱い自分はどうなっちゃうんだろう。

強い自分も、弱い自分も自分なのに、「弱い自分に勝つ」という言い方はとても危険だと思う。

ひつじ 自分に勝って、自分を殺してしまったら大変ですよね。双雲さんは弱い自分に声を上げさせてくれたから。いわゆる成功者とか、やり手とか言われる人に多い気がします。自分に勝ちたい人。

双雲　**危ないのはそこだよ。成功したり、仕事で結果を出したりして、人に評価されること。**

たとえ体が痛みというメッセージを出して「休め」と言っていても、人の評価が鎮痛剤になって、体の悲鳴を打ち消してしまうから。

だから、ストレスでつねに吐き気を感じながら、それでも結果を出し続けているような人は……危ないと思うなぁ。

ひつじ　痛いときはじっとしていれば治るのに、痛み止めを打ってがんばって、とりかえしがつかないほどひどくなってしまう——みたいな話ですよね。

21

波に乗る技術。あるいは、ラッキーとは何か。

ひつじ　双雲さんの病気の話を聞いて思いました。「なんとかしよう」とか「うまくやろう」という気持ちが強すぎてもうまくいかないんだなって。

双雲　ぼくのサーフィンのコーチがよく言うのは、「浮いてるだけで楽しいでしょ」って。

その**コーチはとにかく海が好きで、いつも海に感謝しているんだよね。**だから、べつに「いい波」は求めていない。ぼくがいい波が来たと思って「あの波、乗らなくていいんですか？」と聞くと、「いいよいいよ」という感じ。すると、1分後にもっといい波が来る。**「うまくなろうとしなくていい。海を感じていれば、波に乗れるようになる」**って言うんだよね。

ひつじ　**うまくなろうとしなくていい、か。**禅問答のようですね。

双雲　サーフィンって、板の上に立つのももちろんだけど、板に乗るだけでもむずかしいんだよ。

板のいちばんいいところに、自分のへそを置かないとうまくバランスが取れない。ところが、へその位置をうまく調整しようとすればするほど、ずれていってひっくり返っちゃう。

でも、コーチは「人間は中心を知っているから、力を抜くことだけ気をつければ、自然に乗れるよ」と言う。

「この波に乗ってやろう」とか、「いい波を逃した」とか、そんなことも考えなくていい。

「大丈夫、いい波はいくらでも来る。どの波に乗ればいいかも、体が知っているから」って。

ひつじ　なんだか、ブルース・リーみたいですね。「考えるな、感じろ」。

双雲　なかなかむずかしいんだけど、ぼくも思い当たることがあるんだ。
教室で教えているとき、生徒さんが「この筆、おかしい」「使いにくい」と言うことがある。

「どれどれ」とぼくがその筆を使って書くと、ぜんぜん問題なく書ける。ぼくは、他の人が扱えない筆もうまく扱えるんだよね。しかも、他の人の筆はしばらく使っていると壊れるのに、ぼくの筆は壊れない。

ひつじ　何が違うんでしょうね。

双雲　その筆の「いちばんいいところ」を知っているから。本当は、ぼくだけじゃなくてみんな知っているはずなんだけどね。やっぱり、**書道の場合も、うまくなろうとする必要はない。筆を感じていれば、自然とうまくなる。**筆で書くのって、気持ちがいいでしょう?

ひつじ　そうですね。何か官能的な手応えがあります。

双雲　書道をやるときは、その豊かな感触を目いっぱい味わえばいい。ゆっくり書いて、なんて贅沢《ぜいたく》な時間だろうと思えばいい。うまくなろうとする必要はない。ぼくはずっとそうしてきたよ。それでうまくなっていないかといえば、そうでもない。ちゃんとうまくなっているよね。

ひつじ　**うまく波に乗るには、うまく乗ろうと思わなくていい。**
ただ、海を感じていればいい。
うまく書くためには、うまく書こうと思わなくていい。
ただ、筆を感じていればいい。
これも、「今」を生きるためのメソッドでもありますね。

双雲　そうだね。
そして、**海に感謝する、筆や紙に感謝する、**ということでもある。
感謝するというより感動すると言ったほうがわかりやすい人もいるかもしれない。

ひつじ　そうか、双雲さんはいまだに筆の感触に感動し続けているし、サーフィンの先生は海に感動し続けているわけですね。
なんだか、**双雲さんって波に乗るように生きているような気がしてきました。**

双雲　**どういう意味？**

ひつじ　こう、無理に自分で進もうとか、高いところに登ろうとかせずに、来る波にうまく乗っている。しかも、いい波が次々と来る。

双雲　なるほどね。

たしかにいい波は来るなぁ。

普通はいい波に乗ろうとする人が多いと思うんだけど、ぼくの場合はいい波を見極めて乗ろうなんて思ってないんだよ。いい波が次々と来るからね。

前にアメリカで個展を開いたときに、「おもしろい人を紹介したい」と誘われた。**その時の僕の心がいい感じでワクワクしたので、引き合わせてもらったのは、グレッグという60代のおじさん。**住んでいたのがいわゆる豪邸でね。6000坪だか、7000坪だかあるという、プール付きの家なんだ。

その家には音楽の録音スタジオも付いていた。何をやっている人なんだろう？と思ったら、聞いて驚いたよ。

グレッグおじさんは世界的な音楽プロデューサーだった。エルトン・ジョンがダイアナ妃の追悼曲を出したときもプロデュースしたって言うんだよ。

ひつじ　とんでもない人に紹介されましたね。

双雲　ぼくは別に音楽プロデューサーに会いたいなんて思っていないし、音楽業界に興味があるわけでもない。そもそもアメリカに野心を持って行ったわけでもない。**気まぐれで呼ばれて、ノリで付いていったという感じなんだよね。**
たまたまそのとき、世界感謝の日の話をしたんだよ。「6・9を世界に広げたい」という話をしたら、グレッグさんはえらく感動してくれた。
何日かして、2回目にグレッグさんの豪邸に遊びに行ったら、「スタジオに来てくれ」と言われた。
グレッグさん、頼んでもいないのに「感謝ソング」をつくってくれていたんだよね。

ひつじ　信じられない展開ですねえ。

双雲　まあ、狙ってできることではないよね。
たしかにぼくには、**いい波が来る。異常なラッキーに恵まれ**

ていると思う人もいるだろうね。

ぼくは、このラッキーさは自分だけに与えられているものだとは思わないんだ。

ひつじ　でも、普通は起きないようなことが双雲さんには起きるからなぁ。

オーハイで雨を呼んでしまった話もありましたね。

双雲　この間、うちの店で間違ってカップをたくさん注文しちゃったんだよ。200個。

ひつじ　それは大変だ。

双雲　届いた200個のカップを見て、どうしようかな……と思っていたら、アイスクリームフェアの注文が来た。それも200個。

注文したカップが、アイスクリームを入れるのにピッタリのサイズだった。

ひつじ　これまたラッキーの波が来ましたね。

双雲　**ラッキーは狙うとつかめない。**つかむとか、追い求めるとか、目標の達成とか、夢の実現とか、がんばるとか……、そういうのがまったく関係ない世界があると思うんだ。

むしろ、狙うとうまくいかない。そういう気持ちがノイズでしかない世界。


ひつじ　**波に乗るコツと一緒ですね。**

やっぱり、双雲さんは「波に乗る技術」を身に付けているんだと思います。

どうしたら、うまく波に乗れるようになるんだろう。

なんとなくですけど、今までの双雲さんの話ぜんぶが答えになっている気がしてきました。

双雲　うーん、ここまで話してきたことは、**「波に乗る技術」**の話だったのかな。

最後に——
いい波に
チューニング
しよう。

22

ひつじ　そもそも最初は、双雲さんがなぜ元気なのかを聞くところから始まったんですよね。ええと……。

双雲　ひつじくん、しっかりノートをとってるんだね。偉いなぁ。

ひつじ　あった。双雲さんの元気の秘密。**双雲さんは森羅万象を区別せず、すべてに関心をもつ「赤ちゃんシステム」で生きていることがわかった。**

双雲　そうだったね。

ひつじ　**双雲さんは、書を書くときには自分を「無《む》」にして、宇宙の大きなエネルギーにアクセスしているという話もありました。**
自分で何かを生み出すのではなく、大きなエネルギーにつながる「パイプ」になっているから、仕事をするときにも苦しまないんだと。
これなんか、「自分の力でなんとかしよう」と思ってプレッシャーを感じがちな人にはいいヒントになると思います。
それから、**雨がイヤだなと思ったり、仕事がつらいと思うのは、ぼくたちが成長**

する過程で身に付けた「文化」なんでしたね。これも、「赤ちゃんシステム」に帰ることで自由になれると。

双雲 **そこで般若心経の話も出たね。**

いろいろな「文化」、つまり思い込み、定義、考え方の枠から自由になった先にある世界は、般若心経に描かれている、とてもクールで、アナーキーな世界。

ひつじ 知らないということはない、そして知らないということがなくなることもない、「ない」ということさえもない、というやつですね。

それから、夢や志の扱い方。

夢や志を持つのはいいけれど、それにとらわれると危ない。

双雲 夢や志が実現した未来が素晴らしいと考える半面、まだ実現していない今は素晴らしくない、良くないという考え方に陥ってしまうことがあるからね。

ひつじ **未来が自分をおとしめる、という危険ですね。**

そこで双雲さんは、主語を変えてみようという提案をしています。

これから自分がかなえたい夢ではなく、これまでかなってきた人類の夢を考えてみようと。
ここらへんはあとに出てくる「感謝」とも通じる話です。

双雲　**感謝、アプリシエーション**（appreciation）についてはどんな話から始めたんだっけ？

ひつじ　奥さんを5秒だけよけいに観てみようという話でしたね。
ものの見方を変えるには、関心を持つこと。関心を持つ方法は、いつもより5秒長く観てみることなんだって。
関心を持って、よく観るようにすると、対象との関係も変わってくる。
そして、「観る」と「感謝する」は、英語では同じアプリシエーションという言葉なんだと。

双雲　そうだった。

ひつじ　いわゆる「引き寄せの法則」も、関心を向けてよく観ることで起きるんだという話でしたね。

ところが、現代人はなかなか目の前のものに関心を向けて、よく観ることに集中できない。

情報化社会になって、つねに不安情報にさらされて、頭の中で空襲警報が鳴り続けているような状態にあるから。

双雲　情報とどう距離を取るかは、本当に問題だね。とにかくニュースは見すぎないほうがいいし、あんまりネットにつながりすぎるのも良くない。

ひつじ　**現代人が幸せになれないのは、達成にとらわれているからだ、という話もありました。**

競争に勝てば、何かを達成すれば、成功すれば、人から認められれば、評価を受ければ、夢が実現すれば……。

何かを獲得すれば幸せになれるという幻想にとらわれている。

だから、**結果を求めて一所懸命仕事をがんばるというのは、どこかに無理がある。**

双雲　すばらしいまとめ力。

ひつじ　むしろ、**子どもにプレゼントを届けるサンタクロースのように、笑いながら仕事ができることが幸せなんですよね。**

それが可能な環境を求めて、居場所を変えてみるのもおすすめでした。

転職ではなく、環境チェンジ。

双雲　そう。自分の直感が「ここだ」と感じる環境を探せばいい。

ひつじ　直感にしたがってうまくいくためにも、自分の感情をよく「観る」ことが大事なんでしたね。いいワクワクと悪いワクワクなんていう話もありました。

やっぱり、「観る」ことが大きなポイントなんだなあ。

「観る」ことは、デフォルトの話とも関連していましたよ。

お金がほしいと思った時点で、デフォルトが貧乏になってしまっている。やせたいと思った時点でデフォルトがデブになってしまっている。

「100円しかない」ではなく、ただ「100円がある」と観る。今あるものに感謝するのが大事。

双雲　そう、**まずは観ること。**

不安になったときも、不安だから何かしなきゃ、何かを得なきゃ、何かを達成しなきゃ――と焦《あせ》るんじゃなく、まずは**「あ、自分は不安になっている」と思えばいいんです。**

ひつじ　無理にポジティブになろうとするのは危ないんですよね。それは逆効果。前向きになるためには、「観る」ことで前向きになれるような「気づき」を増やしていけばいい。

ガードレールを観て、これは誰かのやさしさだなと気づく。その**気づきを発信することで、前向きな情報を引き寄せられるポジティブ・バキュームカーになれる。**

双雲　そう、ちょっとしたことを積み重ねて、自然に前向きになっていくのがいいよね。

「のに」を使わないようにするとか。

ひつじ　積み重ねの大切さを教えてもらったのが「1・01」理論でしたね。

毎日、1パーセントプラスに変わるだけで、100日で3倍ポジティブに、1年で37倍ポジティブになれる。
すぐにリターンを求めずに、超長期でリターンを求めれば、焦《あせ》ることもなくなる。
結果、今を生きられるようになる、と。
こうして振り返ってみると、**「観る」こと、感謝すること、そうやって、今を生きることが双雲さんの「波に乗る技術」の極意なんですかねぇ。**

双雲　あとは、**丁寧に生きる**ことかな。

ひつじ　そうでした。コップのお茶を丁寧に飲んでみるだけでも世界が変わりますよね。丁寧に今を生きるメソッドとして、書道やお茶やお花をやってみてもいいし。

双雲　結局、丁寧に今を生きるということは、ノイズがなくなるということだと思う。未来や過去に縛られなくなるからね。
ノイズがなくなると、きれいなフォース（力）になることができる。大きなものにつながって、エネルギーを表現できるようになる。

ノイズがなくなるから、物事に対する感度が研ぎ澄まされていく。
すると、いい波を感じて、乗ることができる……ということじゃないかなぁ。

ひつじ　**いい波に、チューニングが合うという感じなんですかね。**

双雲　ぼくはいい波に乗っているし、いい波に感度良くチューニングできているんだろうね。

エピローグ

「いい波」はいつも向こうからやって来る

アメリカ移住とひつじくんの変化

この本の制作も佳境に入った春先、
久しぶりにひつじくんが訪ねてきました。

ひつじ

双雲さん、とうとうアメリカに移住しちゃうことに決めたんですって？　例の、双雲さんが雨乞《ご》いに成功した町だそうですね。カリフォルニアのオーハイでしたっけ。

双雲

うん。まだしばらくはこっちにいると思うけれど。
不思議なんだけど、なんだか「ふるさと」のような感じがする場所なんだよね、あの町は。

ひつじ　ふるさと？　先生は熊本出身なのに、カリフォルニアの町がふるさとみたいに感じるとは不思議ですね。

双雲　もともと、友達に「双雲さんに絶対、合うから」と薦められて行った町ではあるんだけどね。オーハイにいると、なんだか日本にいるときより深く呼吸ができる気がするんだ。そこで会う人にも感動するし、食事をしても感動するし、スーパーマーケットに行っても感動するし。雨乞いの話をしたけど、**ああいう不思議な縁に次々に引き寄せられてくるんだよね。「なんでここで？」っていう人に会えたりね。**

ひつじ　魂の故郷のような場所なんですね。もしかして、前世でオーハイに住んでいたとか。

双雲　ぼくはもともと飛行機が苦手でね。海外に行きたいともそんなに思うタイプじゃなかったんだ。それが、そんなこんなでオーハイには毎年のように行くようになったんだよね。

ひつじ　それでついに移住まで決意されたと。なんでまた、このタイミングで？

双雲　ちょうど、長年やっていた書道教室を2019年いっぱいでやめるということを決めたこともあったし。向こうで紹介された人に、家を買わないかと勧められたりしたこともあったし。

とりあえず、海外に拠点があってもいいかなーと思うようになって、家族とも話していているうちに移住ということになったんだよ。

でも、さっきも言ったけど、まだしばらくは向こうとこっちを行ったり来たりすると思うけどね。

ひつじ　そういえば双雲さん、最近は書道以外にもいろんなものを作っているって聞きましたよ。陶芸をやったり、絵を描いたり、立体作品もいろいろと作ったりしているって。

書道家からアーティストに転身されるんですか？

双雲　いやいや、そもそも自分が書道家だと決めていたわけでもないから、転身もなにもないんだけどね。

ひつじ　アメリカ移住にしても、アートの活動にしても、双雲さんにはいい話が向こうからやって来る感じですねぇ。「いい波」が来るというか。

双雲 たしかに。ぼくはテレビに出たいと思ったこともないし、たくさん本も出させてもらっているけれど、作家になりたいと思ったこともない。
でも、いい話が向こうからやって来る。なんでだろうね。**自分がいつも「いい波」に乗っているから、向こうからまた「いい波」が来るのかなぁ。**
ひつじくんは、最近どう？

ひつじ えっ、ぼくですか。
ぼくは双雲さんとたっぷり話して、なんとなく生き方が変わり始めたような気がします。

双雲 たとえば？

ひつじ 不思議なんですけど……、一時、いろんなことにやる気をなくしてしまって、ボーッとしていた時期がありました。

双雲 それは、「好転反応」だね。

ひつじ　コウテンハンノウ？

双雲　**東洋医学の世界の言葉らしいんだけど、病気が治っていく過程で出る症状のことを好転反応と言うんだって。**ひつじくんもきっと今までは、未来志向でがんばってきたんだと思うんだ。いつか何かを手に入れたい、成し遂げたい、そうすれば幸せになれる。だから今はがんばろうって。

ひつじ　うーん、たぶんそうでしょうね。

双雲　それが、今を生きて、「今、いい波に乗れているかどうか」を重視する生き方があると気がついた。それで、未来のためにがんばるのが虚《むな》しく感じられるようになったんじゃないだろうか。

ひつじ　なるほど。

双雲　ひつじくんは、新しい生き方に変わりつつあるんだろうね。ぼくは別に、未来のためにがんばる生き方も間違いだとは思わないんだよ。そのほうが向いている人もいるし。

だけど、**今、いい波に乗ることだけを考える生き方もある。どっちでも、自分の好きなほうを選べばいい。**

ひつじ　その人しだいってことですね。双雲さんとたくさん話して、面白い本が出来上がったと思います。読者が双雲さんの話を聞きながら、自分の生き方を改めて考えて、何かに気づけるような……。こういう本はなんて言うんだろう？

双雲　それを自己啓発本って言うんじゃないのかな。読者が自分で気づける本。自分に大事なことを気づかせる本。

ひつじ　あっ、そうか。ぼくたちは、本当の意味での自己啓発本を作れたのかもしれないですね。

この本のもうひとりの作家は、あなた自身

ぼくとひつじくんの長い長い対話は、いかがでしたか？
みなさんの中に、何かいい「気づき」は生まれたでしょうか？

ぼく自身は、ひつじくんと話すことで、ずいぶんいろいろなことに気づけたと思います。

しゃべりながら、

「そうか、自分はこんなことを考えていたんだ」

と、改めて驚くこともありました。

ひつじくんは、読者のみなさんの代表として、ぼくにいろいろな疑問をぶつけてくれました。

同時に、いわば「もうひとりのぼく」「もうひとりの武田双雲」として、ぼくの自問自答を助けてくれたのだと思います。

長い問答に付き合ってくれたひつじくん、そして読者のみなさんに、改めてお礼を申し上げます。本当にありがとうございました！

さて、本書ではいろいろと偉そうなことを語ってきましたが、ぼく自身も「悪い波」にチューニングしてしまうことはしばしばあります。

イライラしたり、不満を感じたり、不安を感じたり……。

そういうとき、ぼくはちょっとした行動を変えることを心がけています。

たとえば、いつも着ている作務衣《さむえ》の紐をほどいて、ゆっくりと、丁寧に縛り直す、というようなことです。

本文中でも述べましたが、ぼくは所作《しょさ》を整えることによって心を整える、日本的な「道」の世界で育ってきました。だから、ちょっとした所作を丁寧にやることが、「いい波」に乗るための方法として適しているみたいです。


「いい波」に乗るためのちょっとした行動は、人によって様々だと思います。

ある人にとっては、部屋に掃除機をかけることかもしれない。

別の人にとっては、犬をなでたり、猫とじゃれることかもしれない。

お茶を丁寧に入れて飲むことかもしれない。

瞑想かもしれない。

ヨガかもしれない。

愛煙家だったら、一服吸うことかもしれない（吸いすぎには、くれぐれもご注意くださいね）。

友達に電話をかけて話すことかもしれない。

ノートとペンを取り出して、思っていることを書きなぐることかもしれない。

散歩に出かけることかもしれない。

何度も読んでいる愛読書を、ひもとくことかもしれません。

プロローグでも言いましたが、この本は「いい波」――いい気分、いい機嫌、いい感情――に乗るための方法をマニュアル的に説明したハウツー本ではありません。

この本でぼくとひつじくんが語り合ったことをもとにして、あなたなりの「いい波」に乗る方法を見つけ出していただければ幸いです。

それと、**この本を折にふれて読み返すことも、「いい波」に乗る習慣の一つとしてもらえたらうれしいと思います。**

話があちこちに飛びながら、いつのまにか疑問に答が出ている。どこが始まりで、どこが終わりともはっきりしない……という不思議なつくりの本ですが、だからこそ、読み返すときにはどこから読んでもらっても構いません。

何げなく開いたページに、今の気分、感情を変えてくれるヒントが見つかるかもしれません。

この本の作者は武田双雲で、編集者はひつじくんです。

けれども、**最終的にこの本をどう使って、この本から何を読み取り、何に気づくかはあなたしだいです。**その意味で、この本のもうひとりの作者、もうひとりの編集者は、読者であるあなたなのです。

この本との出合いが、あなたに「いい波」をもたらしますように。

あなたが未来志向で生きるとしても、今を生きる道を選ぶとしても、「いい波」に乗っていられる瞬間が少しでも多くなりますように。

そして、あなたが周囲の人たちにも「いい波」を届けられる存在になれますように。

ぼくは、そんなことを願っています。

またいつかどこかで、「いい波」に乗ってお会いしましょう。

あらためて、最後まで読んでいただき、ありがとうございました。

武田双雲

[著者紹介]

武田双雲（たけだ　そううん）

1975年熊本県生まれ。東京理科大学卒業後、NTTに就職。約3年後に書道家として独立。NHK大河ドラマ「天地人」や世界遺産「平泉」など、数々の題字を手掛ける。講演活動やメディア出演、著書出版も多数。2013年度、文化庁から文化交流使に任命され、ベトナム・インドネシアにて、書道ワークショップを開催。2015年と2019年、カリフォルニアにて個展開催、2017年には、ワルシャワ大学にて講演など、世界各国で活動する。
主な著書は、『ポジティブの教科書』（主婦の友社）、『しあわせになれる「はたらきかた」』（ぴあ）、『人生に幸せ連鎖が起きる！ ネガポジ 変換ノート』（SBクリエイティブ）ほか多数。

武田双雲　公式サイト：http://www.souun.net/

[制作スタッフ]

カバー・本文デザイン／藤塚尚子（e to kumi）

本文イラスト／白井 匠

編集協力／川端隆人、山根裕之

カバー、巻末題字／武田双雲

波《なみ》に乗《の》る力《ちから》

2019年6月1日　第1刷発行

著者
武田双雲

発行者
中村　誠

印刷所
図書印刷株式会社

製本所
図書印刷株式会社

発行所
株式会社日本文芸社
〒101-8407 東京都千代田区神田神保町 1-7
TEL.03-3294-8931［営業］，03-3294-8920［編集］

*

Printed in Japan　ISBN978-4-537-26184-4
112190520-112190520 Ⓝ 01（409107）
編集担当・水波康
URL　https://www.nihonbungeisha.co.jp/

波
双雲